KLAUS W. BONERT

Sonnenbogen-Direktionen im Lebenslauf

Standardwerke der Astrologie

KLAUS W. BONERT

Sonnenbogen-Direktionen im Lebenslauf

Astrologische Prognose einfach und effektiv

CHIRON VERLAG

ISBN 978-3-89997-147-7
Deutsche Erstausgabe

Umschlag: Walter Schneider
Foto © Mauritius, Mittenwald
Die Horoskopzeichnungen wurden mit dem Programm Solar Fire und den Formularen von Klaus W. Bonert erstellt.

Para Belinda y Jolanda

Druck: Finidr, Český Těšín

Zu beziehen durch den Buchhandel oder direkt beim
Chiron Verlag, Postfach 1250, D- 72002 Tübingen

Inhalt

Vorwort

Beinahe jeder, der sich zum Studium der Astrologie hingezogen fühlt, ist fasziniert und betört zugleich von der Möglichkeit der Vorhersage. Mit zunehmendem Fortschritt lernt man aber recht schnell, dass Prognosen in der Astrologie nicht so wie von Wahrsagern auf dem Jahrmarkt aufgestellt werden. Die Voraussagen werden vielmehr innerhalb eines äußerst individualisierten Rahmens entwickelt und höchst empfindsam *in der Zeit* ausgeführt. Beim Umgang mit der Zeit ist die innere Symbolik, welche diese versinnbildlicht, das Geheimnis zur Voraussage mittels Astrologie.

Auch lernen wir hinreichend schnell, dass zur Vorhersage mit astrologischen Messgrößen viele verschiedene Techniken nebeneinander existieren. Schnell werden wir von diesem «magischen» Prozess in Anspruch genommen.

Klaus Bonert hat sich die Mühe gemacht, diese verschiedenen Techniken auf einfache und praktische Weise zu beleuchten. Kurz gesagt, er unternahm alles, um das Tor zur Prognosetechnik weit zu öffnen; er hielt das Mysterium aufrecht, während er mit den erfrischenden Details jongliert.

Er präsentiert uns hier einen himmlischen «Werkzeugkasten»: Die Werkzeuge sachgerecht anwenden zu lernen, ist das Ziel dieses Buches. Dieses zu tun, hilft uns, das Leben wissend zu entwickeln, mit speziellen Zielen für unser Leben und einem effizienten Management unserer Probleme, auf dem Weg zur Erfüllung.

Vereinfachung ist der Schlüssel zum Lernen. Es wird ganz einfach darüber berichtet, wie Gott unser Universum erschuf: Das Werk wurde – Schritt für Schritt – in sechs Tagen vollbracht! Dennoch bleibt die Verehrung für das Größte alles Erreichbaren bewahrt, denn was seine Mühe offenbarte, war die Welt, in der wir leben. Die Formel $E = mc^2$ ist so einfach, doch umfasst sie ein gigantisches Konzept von der Auswirkung der Kraft. Der Koeffizient des Kreises, Pi, ist so einfach, aber er ermöglicht uns, ein Raumschiff auf dem Mond zu platzieren.

Vereinfachung ist Kunst .... *sie ist eine Chance*. Wenn wir etwas effektiv erlernen wollen, dann müssen wir es anwenden – wenn Ideen oder Konzepte zu kompliziert sind, geben wir diese wieder auf. Das Einfache lädt ein, einfache Erklärungen sind packend.

Werfen Sie jetzt einen Blick auf Ihr Horoskop – entweder auf eine Zeichnung oder auf das Bild vor Ihrem geistigen Auge – und wenn Sie einen starken Planeten im 3., 6., 9. oder 12. Haus haben, zählen Sie einfach die Grade gegen den Uhrzeigersinn, die der Planet zurücklegt, um in die Konjunktion zur nächsten Achse zu gelangen. Es ist so einfach ... Indem man die Grade in Lebensjahre übersetzt, ... erhält man eine Prognose, die man schon bei der Geburt hätte stellen können, nur ist diese jetzt anschaulich und im Rückblick! Lassen Sie sich diese im Einklang mit der Planetensymbolik durch den Kopf gehen. Es ist erstaunlich.

Wenn Sie sehen, dass die Venus in ein paar Jahren zu Ihrer Sonne kommen wird – oder sie war gerade vor kurzem dort –, dann hoffe ich, Sie haben diese Zeit genossen! Falls es nur astrologisch eintrat, nicht aber in der Realität, so gäbe es ebenso vieles, worüber zu reden wäre. Und viel zu verstehen. So lernen wir die Dinge. So entwickeln wir uns.

Bonert lehrt eine einfache Methode. Sie lernen dabei gut. Die Vorhersage-Systeme werden zu Ihrem eigenen Weg. Noch bevor Sie das Buch zu Ende gelesen haben, werden Sie in der Lage sein, Projektionen in die Vergangenheit und Vorhersagen für die Zukunft zu machen, welche äußerst präzise sind, und Sie werden dies allein mit Ihren Augen erreichen – auch ohne Computer oder Bleistift!

Selbstverständlich gibt es, ebenso wie bei der Formel $E = mc^2$, vieles mehr innerhalb der Symbolik und «zwischen den Zeilen» der Gedanken, welche diese repräsentieren. Und so ist es auch mit Systemen zur Vorhersage in der Astrologie. Aber mit einem Verständnis der Grundprinzipien werden Sie auch die kniffligeren Details in Angriff nehmen können. Mit den Tabellen in diesem Buch als Unterstützung werden Sie mit der «Mechanik» schnell selbstsicher umgehen können. Indem Sie mit den astrologischen Methoden experimentieren, werden Sie Ihr Leben bereichern können. Klaus W. Bonert zeigt Ihnen, wie.

Noel Tyl im Dezember 2005 *Fountain Hills, AZ, USA*

Danksagung

Dieses Buch widme ich meinen Schülern

Ich bedanke mich bei allen Schülern und bei den Klienten für alles, was ich im Unterricht und bei den Beratungen von ihnen lernen konnte, und für die Genehmigung, ihre Daten hier mit geändertem Namen zu verwenden. Ich danke Reinhardt Stiehle für die Ermunterung, dieses Buch zu schreiben und damit das in den letzten Jahren wieder erstarkte Interesse an klassischer Prognose mit zu befriedigen, auch wenn die besprochenen Methoden nicht alle klassisch sind. Ich danke auch all meinen Lehrern – Lisa Fiedler, Noel Tyl, Karen Hamaker-Zondag, Edith Wangemann, Robert Hand, Reinhold Ebertin, Dr. Baldur Ebertin, Liz Greene, Bruno Huber, Christian Borup, Charles Harvey und Edith Wangemann – für die Inspiration und Weisheit und die Überlieferung von altem Wissen.

Noel Tyl danke ich besonders für die Kunst, sich in der verwirrenden Vielfalt der astrologischen Deutung, auf das Wesentliche konzentrieren zu können, um so rasch zu einer bedeutsamen Beratung zu kommen, in der ein Erinnern an den Lebenssinn möglich wird. So kann durch die Benutzung der im Buch besprochenen Techniken mit psychologischem Hintergrund ein Leben im Einklang mit den kosmischen Strömungen erarbeitet werden. Tyls Verdienst ist es auch, die von Ebertin überlieferten Deutungen der Planetenkombinationen holistisch modernisiert zu haben, was mich auch zu meinen Deutungen inspirierte.

Ich danke Susanne Walter für die geduldige Tipparbeit.

Danken möchte ich auch den Autoren vom Astrologie-Programm Solar Fire, mit dem ich meine Grafiken erschaffen und für dieses Buch ausdrucken konnte. Und ich danke all den guten Geistern, die mich ermuntert und mir beim Schreiben die Hand geführt haben.

Klaus W. Bonert, Hamburg, im September 2006

Warum astrologische Prognose?

Astrologie ist ca. 3000 Jahre alte Menschheitsgeschichte in Synchronizität mit Planetenwissen. Diesen reichen Schatz an Erfahrungen benutzen wir heute noch in der Astrologie. Manches wurde richtig verstanden und überliefert, manches über Bord geworfen, davon einiges zu Recht und einiges, weil die Überlieferung es verfälschte und die Verfälschung unbrauchbar war. Manches hat sich auch weiterentwickelt.

Die moderne psychologische Astrologie ist eigentlich nicht neu, denn Großmutter davon ist – wie von der klassischen Astrologie – die griechische Mythologie, die wiederum ein Schmelztiegel Ägyptens und des gesamten nahen Ostens war. Für mich gibt es keinen vernünftigen Grund, diesen riesigen Wissensschatz zu ignorieren und nur noch das, was nach der Welle der Aufklärung übrig blieb, als «bewiesen» anzuerkennen, denn wir lernen alle immer wieder dazu. Auch wenn es bisher nur wenigen gelungen ist, die Astrologie ansatzweise wissenschaftlich zu erklären, so ist mehr möglich. Die Gehirnzellen sind zwölfdimensional verschaltet, das Horoskop ebenso. Bis mehr zu beweisen ist, können wir versuchen, die Erfahrungen der Menschheit zu nutzen und die Qualität unseres Lebens zu verbessern, indem wir die Vergangenheit in die Zukunft projizieren und versuchen, vorsichtig daraus zu lernen. Menschen lernen, mit ihrem Leben bewusster umzugehen, je älter sie werden.

Bis dahin machen wir uns astrologische Prognosen nutzbar, damit der Mensch

1. seine Veranlagung im rechten Moment optimal verwirklichen kann
2. die Dauer von Krisen absehen kann; die sollte jeder Astrologe vorhersagen können
3. die Angst vor einer gar nicht so aussichtslosen Situation verliert, ohne Schönfärberei, wofür man einen realistischen und hilfreichen Astrologen braucht
4. die Lehren aus einer Krise schon vorab zu nutzen lernt, wofür man einen noch klügeren Astrologen braucht
5. die Belohnung des Himmels rechtzeitig annimmt und die Chancen nicht verstreichen lässt; der Astrologe sollte hier also Eigeninitiative bestärken.

Wenn ein Astrologe keine Prognosen machen kann oder gar nicht will, enttäuscht er die Erwartungen des Klienten und lässt ihn eventuell sogar fatal in der Krise schmoren. Wer gar einen Klienten, der zu Selbstmord neigt, nicht in die richtigen Hände übergibt oder meint, dieser müsse «sein Karma leben», der sollte sich darauf beschränken, sich selbst im Spiegel zu beraten. Ob nun die Prognose ein süßes, süchtig machendes Gift ist oder eine «sich selbst erfüllende Prophezeiung», wie einige Psychologen und Astrologen warnen, hängt doch wohl sehr von der Qualität des Astrologen UND des Klienten ab. Es springt eben nicht jeder fahrlässig in den prognostizierten Abgrund. Aber sehr richtig ist, dass lebensfeindliche Behauptungen niemals gemacht werden sollten, auch nicht, wenn der Saturn oder der Pluto noch so sehr droht. Schließlich haben schon zu viele Menschen böse astrologische Prognosen überlebt und so die Schwarzseher ad absurdum geführt. Ein Astrologe, der seinen Klienten bei seinem Wachstum unterstützt und ihm die Kraft gibt, seinen Lebensweg zu meistern, ist aber allemal ein angemessenes Honorar wert und das möglicherweise auch im wiederholten Fall.

Lösungsorientierte Prognosen sind eine äußerst hilfreiche Notwendigkeit. Vorsicht ist eben doch besser als Nachsicht.

Eine gar hohe Kunst ist es aber, nicht nur keine lebensfeindlichen Prognosen zu erstellen, sondern die Lebensphasen im Einklang mit den Rhythmen der Planeten zu erfassen und zu schlussfolgern, was der Mensch aus einer Krise gelernt haben wird, und dann die Fähigkeit zu nennen, die durch das Meistern einer Krise erlangt wird und nur diese zu bestärken. Dafür sollte sich der Astrologe mit seinen Projektionen, Komplexen und seiner privaten Moralvorstellung möglichst ganz beiseitenehmen und das Wesen des Klienten in sich aufnehmen. Manche haben diese Fähigkeit seit der Geburt, andere lernen, der Intuition zu vertrauen, das ganze Leben lang. Dann macht man eben keine oder zumindest nur aufbauende Prognosen. Es ist auf jeden Fall für den Klienten angenehmer zu wissen, dass zum Beispiel eine Zeit der Bedrückung allmählich vorübergeht, wenn der transitierende Saturn das Zeichen des Radix-Mondes verlässt, und dass die Lehre sein könnte, sich in Zukunft besser auszusuchen, wem man seine mütterlich-stärkenden Gefühle widmet. Wenn man seine Energie dabei verschwendet, parasitäre Schädlinge zu stärken, wäre die Lehre für den Klienten vielleicht, sich auf Hilfe zur Selbsthilfe zu beschränken, denn nicht jeder ist ein messianischer Weltenretter oder zur Selbstquälerei verurteilt. Diese heilsame Verbindung von Warmherzigkeit und Disziplin als Lösung der Bedrückung zu erarbeiten, kann den Lebensmut schon mal wieder bestärken.

Und noch eine Bitte: Astrologischer Jargon oder «Planeten-Partei-Chinesisch» helfen dem Klienten nicht, das Leben zu meistern, es sei denn, er ist ein Schüler von Ihnen! Also vermeiden Sie astrologische Begriffe, auch wenn es schwerfällt. Wenn Sie Ihre «Hausaufgaben» vor der Beratung gemacht haben, können Sie leichter und souveräner auftreten und sich ganz dem Leben des Klienten widmen.

Die Methoden

Alles ändert sich – auch die astrologische Uhr tickt weiter

Der Geburtsmoment ist im menschlichen Leben oft der beeindruckendste Moment. Der erste Atemzug und der dabei wohl noch ziemlich unbewusst erfahrene schockierende Eindruck: «Oh Gott, das ist die Welt, der ich nun ausgesetzt bin!» Hilflos, nackt und abhängig, lernen wir schnell, unsere Bedürfnisse zu verwirklichen und das meist lautstark und mit Nachdruck. Dies abhängig von den mitgebrachten Veranlagungen karmischer und genetischer Art, aber auch von den Gegebenheiten um uns herum, von den persönlichen und denen der Gesellschaft, und nicht zuletzt abhängig von der Ausdehnung unserer Wahrnehmungsfähigkeit. Es mag ja sein, dass einige indische Brighu-Astrologen fachkundig über die karmischen Verstrickungen und andere Qualitäten Auskunft geben können, jedoch verstehen nur wenige wirklich die Kunst, und viel zu viele lassen ihrer Fantasie, ihrer märchenhaften Fantasie, zu sehr freien Lauf. Wenn Sie die vierte reinkarnierte Kleopatra in einer Woche sind, ist der Astrologe wohl kaum sehr einfallsreich. Seelen inkarnieren sich offensichtlich nach dem Gesetz der Gleichheit genauso wie nach dem Gesetz der Gegensätzlichkeit. Manche gleichen ihren Eltern wie ein Ei dem anderen, andere wirken eher wie ein Kuckucksei im Nest. Die Einflüsse durch die Gesellschaft prägen den Menschen zusätzlich zu den elterlichen Einflüssen. All das sollte der Astrologe im Hinterkopf behalten, wenn er über die Entwicklung des Klienten nachdenkt.

Die innere Uhr

Darüber hinaus lebt das Horoskop auch nach der Geburt weiter.

1. Es pulsieren die *Transite* der umlaufenden Planeten in ihren eigenen Rhythmen und in ihren täglichen Stellungen dem Geburtshoroskop gegenüber. So wie Besucher länger oder kürzer zu Gast sind, schließt man mit ihnen oberflächlichere oder intensivere Bekanntschaften.
2. Es bewegt sich die innere Uhr des Horoskops ebenso weiter. Die uralte Regel der *Progression* heißt, ein Tag sei wie ein Jahr. In den ersten 90 Tagen bilden sich die Synapsen des Gehirns, also die mehr oder weniger vielfältigen Verbindungen der Gehirnzellen untereinander. Es gibt Vermutungen, dass die ersten 90 Tage die folgenden 90 Jahre prägen oder zumindest symbolisch darstellen. So wie an jedem Tag einmal Tag und Nacht herrscht, so wird auch das Jahr vom helleren Sommer und vom dunkleren Winter geprägt.
3. Das gesamte Horoskop bewegt sich, symbolisch, wie auf einer zweiten Scheibe gegenüber den Geburtspositionen voran, und zwar mit der Geschwindigkeit der Sonne. Diese *Sonnenbogen-Direktion* zeigt die Zeiten, in denen Planeten aus der Menge herausragen und quasi ein Solo singen. Und das ist die einfachste und effektivste Prognosemethode.

Die Progressionen

Man könnte also 90 Horoskope erstellen, zunächst für einen Tag nach der Geburt, dann zwei, drei Tage usw. später, bis man 90 aufeinander folgende Horoskope hat. Alle Horoskope werden auf dieselbe Geburtszeit (in Weltzeit = GMT) und auf denselben Geburtsort errechnet. Diese Horoskope nennt man

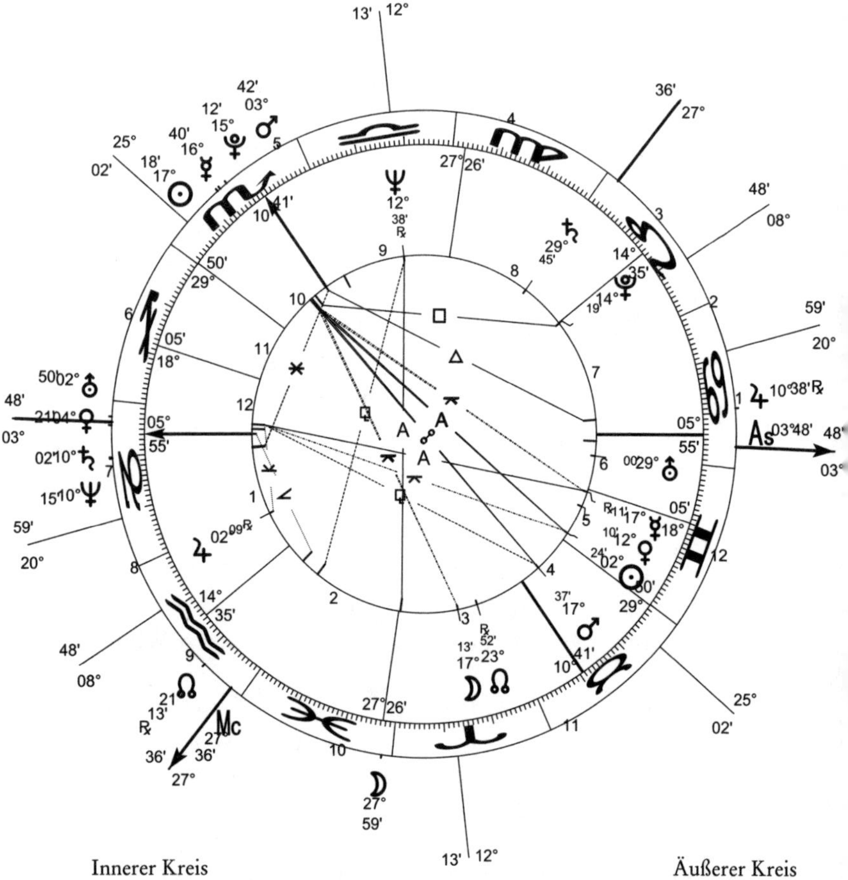

Innerer Kreis
Bundesrepublik Verfassung in Kraft
Radixhoroskop
24. Mai 1949
00:00 CEDT -2:00
Bonn, BRD
50°N44‘ 007°E05‘
Geozentrisch
Tropisch
Alcabitius
Mittlerer Mondknoten

Äußerer Kreis
Transite DDR Grenzöffnung
Ereignishoroskop
9. November 1989
18:50 CET -1:00
Berlin (Ost), BRD
52°N32‘ 013°E25‘
Geozentrisch
Tropisch
Alcabitius
Mittlerer Mondknoten

Abb. 1: BRD mit Transit Grenzöffnung

progressive Horoskope. Legt man diese Horoskope nebeneinander auf einen großen Tisch, so fällt auf:

1. Die Sonne und die Himmelsmitte (Medium Coeli oder MC) bewegen sich um ca. 1° pro Tag nach der Geburt weiter.
2. Der Mond bewegt sich ca. 13° pro Tag.
3. Merkur und Venus, die sich um die Sonne herum bewegen, bewegen sich bis zu 2 ½° pro Tag.
4. Mars bewegt sich ca. ½° pro Tag.
5. Und die Planeten Jupiter bis Pluto bewegen sich kaum.
6. Der Aszendent aber bewegt sich abhängig vom Breitengrad des Geburtsortes und dem aufgehenden Zeichen, etwa zwischen ½° und 2 ½° pro Tag bei Geburten in Deutschland, am Äquator ca. 1° und in polaren Breiten zuweilen rasant um mehrere Zeichen. Der progressive Aszendent ist also ein recht unzuverlässiger Gast.
7. In den angelsächsischen und den skandinavischen Ländern benutzt man vorwiegend Sonne, Mond, Merkur, Venus, Mars, Aszendent und MC, denn Jupiter, Saturn, Uranus, Neptun, Pluto und Mondknoten seien ja so langsam, dass sie bei der Progression (1 Tag = 1 Jahr) keine großen Veränderungen anzeigen. Eine Besonderheit sollte man, meine ich, aber beachten, nämlich dass es ein riesiger Unterschied ist, ob z.B. ein Saturn/Pluto-Quadrat im Radix applikativ (zunehmend) oder separativ (abnehmend) ist. Bei progressiv erreichter totaler Exaktheit wird applikativ der Höhepunkt der Wirkung erreicht und überschritten. Danach entsteht Erleichterung. Bei separativer Aspektierung wird es niemals mehr zu dieser intensiven, zuweilen dramatischen Erfahrung kommen. Die inneren Planeten Merkur, Venus, Mars bringen in der Progression eher persönliche Erlebnisse des Alltags mit sich, sind also weniger dramatisch in der Auswirkung. Sonne, Mond und MC sind aber die bedeutsamsten Faktoren des Horoskops.

8. Der Mond ist besonders interessant, denn er bildet aufgrund seiner Schnelligkeit die meisten Aspekte pro Jahr. Auf unseren Horoskopen auf dem Tisch sehen wir den Mond von einem progressiven Horoskop zum nächsten um ca. 13° weiterspringen. Nun springt der Mond natürlich nicht wirklich, sondern legt die 13° pro Tag ja symbolisch an einem Tag für ein Lebensjahr zurück. Das macht das Rechnen nun ziemlich einfach. Teilen wir die Dauer eines Jahres durch 12, so haben wir einen Monat. Teilen wir die 13° der Bewegung des Mondes durch 12, so erhalten wir etwa 1°. Wir sehen also den Mond zwischen den Jahren um ca. 1° pro Monat vorwärtsgehen. An den Aspekten, die der progressive Mond bildet, können wir im progressiven Horoskop beobachten, wie er dafür sorgt, dass die Qualitäten des jeweiligen Planeten sich manifestieren. Macht der progressive Mond z.B. einen Aspekt zum Radix-Jupiter, so ist eine große Reise zu erwarten. Macht der progressive Mond einen Aspekt zu Merkur, kann mit dem Beginn einer Ausbildung, einem Vertrag usw. gerechnet werden. Legt der Mond im progressiven Horoskop 5° zurück und macht erst dann einen Aspekt zu einem Planeten, so wird dieser Aspekt sich fünf Monate nach dem Geburtstag auslösen. Außerdem bringt der progressive Mond die Qualitäten von Haus und Zeichen, die er durchläuft, zum Ausdruck. Die generelle Seelensituation und Stimmungslage unterliegt also einem 2 ½-jährigen Zyklus. Der Mond verweilt ja ca. 2 ½ Tage in jedem Zeichen. Von den progressiven Planeten ist also der Mond am deutlichsten in Verbindung zu Erlebnissen zu setzen. Die Lebensgebiete der durchlaufenen Häuser, aber auch der aspektierten Planeten und der Herrscherpositionen in den Häusern, zeigen die betroffenen Bereiche des Lebens an.
9. Zentrum der Lebenskraft ist die Sonne mit ihren Aspekten. Wird ein Mensch mit einem Aspekt der Sonne zu Aszendent oder MC geboren, so wird die Kraft dieser Sonne für

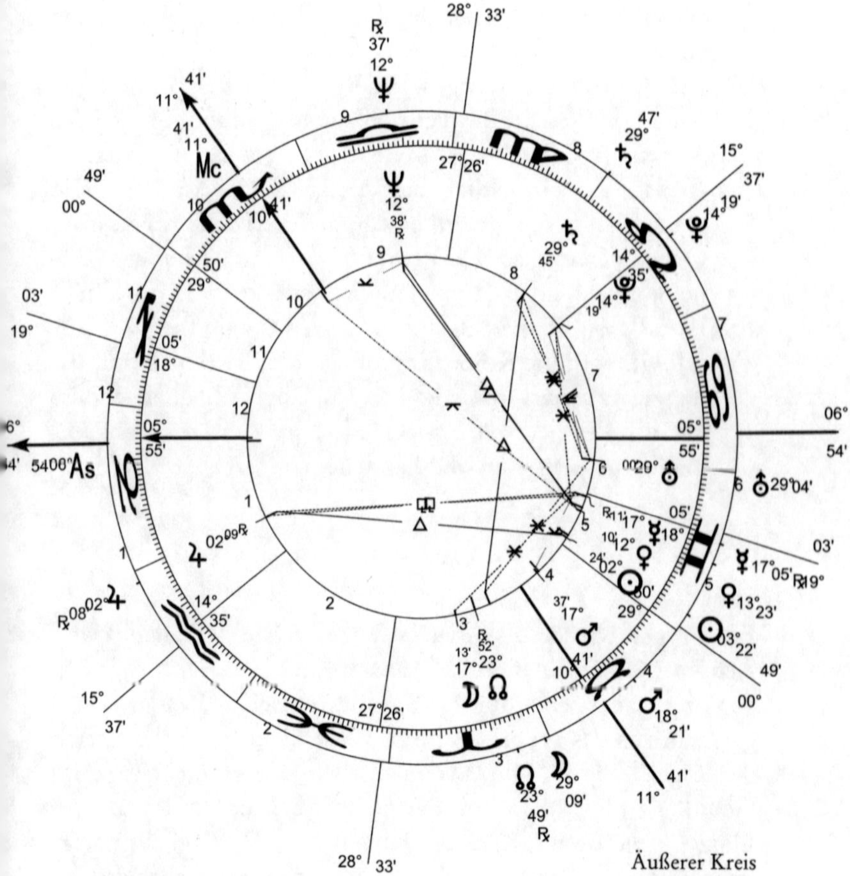

Innerer Kreis
Bundesrepublik Verfassung in Kraft
Radixhoroskop
24. Mai 1949
00:00 CEDT -2:00
Bonn, BRD
50°N44‘ 007°E05‘
Geozentrisch
Tropisch
Alcabitius
Mittlerer Mondknoten

Äußerer Kreis
Bundesrepublik Progress
Alter 1 Jahr
Radixhoroskop
25. Mai 1949
00:00 CEDT -2:00
Bonn, BRD
50°N44‘ 007°E05‘
Geozentrisch
Tropisch
Alcabitius
Mittlerer Mondknoten

Abb. 2: BRD Radix mit Progression 1 Jahr

alle anderen spürbar sein, egal, in welchem Zeichen sich die Sonne befindet oder um welchen Aspekt es sich handelt. Der Auftritt ist kräftig, wie der eines Löwen, in dem die Sonne ja herrscht. Bewegt sich aber die Sonne auf eine der Achsen (AC/DC bzw. MC/IC) zu, so hat der Mensch ebenso, jedoch zeitlich begrenzt, «seinen Auftritt». Die Dauer der Wirkung wird bestimmt durch den progressiven Orbis, der ebenso wie bei den Transiten 1° beträgt. Das heißt zulaufend 1° (1 Jahr) und ablaufend 1° (1° = 1 Jahr).

10. Ist z.B. der Eintritt der progressiven Sonne ins 10. Haus erfolgt, wird die Konzentration auf die Karriere wohl, abhängig von der Größe des Hauses, länger anhalten, anders als wenn es sich nur um einen in zwei Jahren vorübergehenden Aspekt zum MC handelte.

Die progressiven Achsen

Ein immer wieder diskutiertes Thema ist die Dynamik der Achsen (Aszendent und MC) im progressiven Horoskop. In den angelsächsischen und den skandinavischen Ländern wird ganz einfach das progressive Horoskop komplett erstellt, nach der Regel 1 Tag = 1 Jahr, also pro Lebensjahr wird ein Tag zum Geburtsdatum addiert, mit der Geburtszeit in GMT und dem Längen- und Breitengrad des Geburtsortes. Der tägliche natürliche Fortschritt der Sternzeit bewirkt automatisch auch die Bewegung von Aszendent und MC. Das erscheint überzeugend einfach.

Besonders in Deutschland aber teilte man, verschiedenen mittelalterlichen Quellen folgend, das progressive Horoskop in zwei Teile auf, in die primäre Direktion, die von der primären Bewegung der Erde, also ihrer Rotation um die eigene Achse, ausgeht, und die sogenannte Sekundärprogression, die bei der Weiterbewegung der anderen (sekundären) Planeten berechnet wird. Dabei haben sich die verschiedensten Methoden herausgebildet, wobei jeder Astrologe behauptet, dass er die einzig richtige benutze. Abgesehen von einigen groben «Faustregeln» für die Direktion, wie etwa das MC um 1° vorzuschieben oder mit dem Naibod-Schlüssel (nämlich 0°59'08" pro Jahr) zu dirigieren oder mit dem mittleren bzw. dem wahren Sonnenbogen zu verschieben oder pro Jahr die Sternzeit um 3 Minuten, 57 Sekunden bzw. 0 Stunden, 4 Minuten zu bewegen (wobei es sich um Zeitminuten bzw. Zeitsekunden handelt), benutzen die echten Klassiker einen Weg, der die Schiefe der Ekliptik, die Rektaszension und die Breite des Geburtsortes mit berücksichtigt. Das aber war den meisten Astrologen zu kompliziert, und man beschränkte sich darauf, das komplette progressive Horoskop zu dirigieren, dessen Achsen sich ohnehin oft fast genauso bewegen wie mittels Naibod, nämlich 1° pro Jahr usw. Eines ist allen genannten Methoden gemeinsam: Der Aszendent hat abhängig vom Breitengrad eine vom MC abweichende Geschwindigkeit. In polaren Breiten können alle Häuserberechnungen versagen, weil das MC unter den Horizont rutscht. Am Äquator jedoch sind alle Häuser fast gleich groß und alle Eckhäuser, somit ihren Bedeutungen entsprechend, in einer Spannung von 90° oder 180° zueinander. Denn am Äquator bewegen sich die Achsen progressiv in etwa gleichmäßig mit der Sonnengeschwindigkeit. Bei einer Geburt in nördlichen Breiten jedoch hat man bei einem Zwillinge-MC einen um 90° versetzten Jungfrau-Aszendenten, ebenso wie am Äquator. Ein MC in den Fischen kommt jedoch mit einem im Trigon liegenden Krebs-Aszendenten daher, und ein MC Anfang Schütze kann mit einem weniger als 60° entfernten Steinbock-Aszendenten einhergehen.

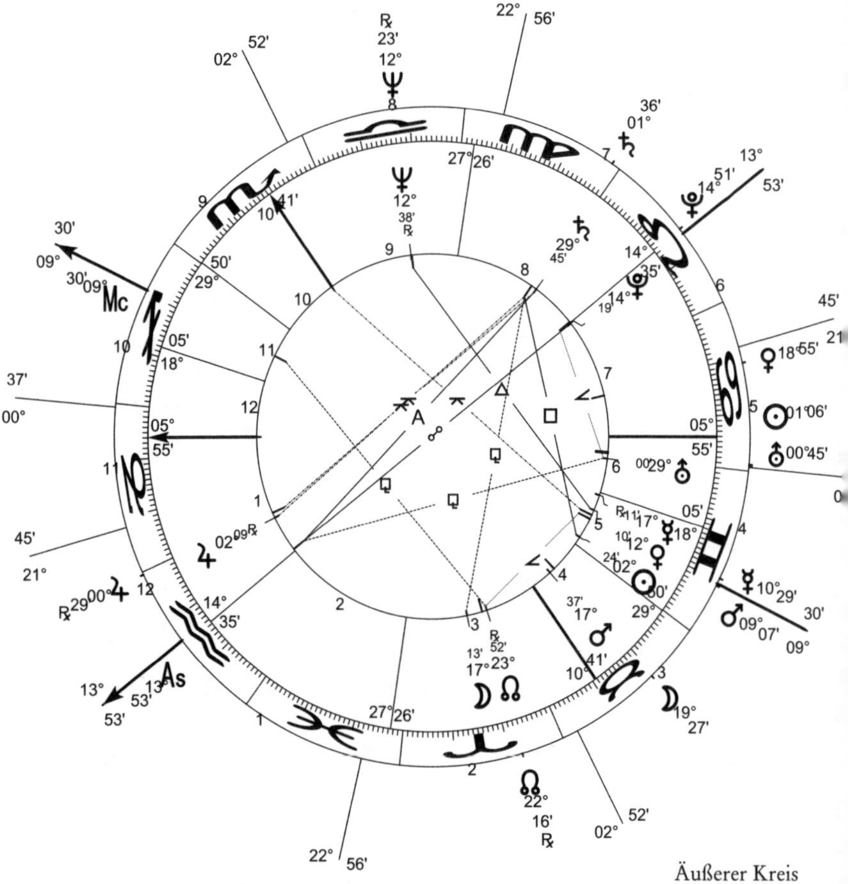

Innerer Kreis
Bundesrepublik Verfassung in Kraft
Radixhoroskop
24. Mai 1949
00:00 CEDT -2:00
Bonn, BRD
50°N44‘ 007°E05‘
Geozentrisch
Tropisch
Alcabitius
Mittlerer Mondknoten

Äußerer Kreis
Bundesrepublik Progress
Alter 40 Jahre
Radixhoroskop
23. Juni 1949
00:00 CEDT -2:00
Bonn, BRD
50°N44‘ 007°E05‘
Geozentrisch
Tropisch
Alcabitius
Mittlerer Mondknoten

Abb. 3: BRD Radix mit Progression 40 Jahre

Was tun mit den Achsen?

Offensichtlich führen wieder einmal viele Wege nach Rom. In der Praxis ergeben die Achsen des progressiven Horoskops sowie der Primärdirektion korrekte Beschreibungen von Vergangenheit und Zukunft. Aber die Sonnenbogen-Direktion, auch auf die Achsen angewandt, bringt eine hohe Trefferquote und ist bei dieser Methode so einfach auszuführen. Die alte Primärdirektion in allen Ehren, aber warum komplizierter, wenn es auch einfacher geht?

Die Sonne und der Sonnenbogen

Die Kraft der Sonne ist wirklich phänomenal. Sie beinhaltet praktisch alle Farben des Lichts. Ein Spektralglas kann alle Farben des Regenbogens auffächern, wenn das Sonnenlicht darauf einstrahlt. Die Farben aller anderen Planeten sind also im Sonnenlicht enthalten und somit auch deren Qualitäten. Bei den Ägyptern, von denen sicher ein großer Teil des astrologischen Wissens stammt, war die Sonne heilig. Sie repräsentierte das gesamte Leben und die lebensspendende Kraft, und somit enthält jeder Planet einen Teilaspekt der Sonne.

Es ist nicht ganz klar, auf wen die folgende weise Erkenntnis zurückgeht, jedoch wurde diese später von Simmonite, Naibod, Witte, Ebertin und Tyl in der Praxis klug angewandt. *«Beobachte die Strecke, welche die Sonne progressiv zurücklegt, und bewege alle Faktoren des Horoskops um dieselbe Strecke gleichmäßig weiter.»*

Diese weise Erkenntnis führte nun zu der effektivsten aller Prognosemethoden, weil sie so einfach und doch so intensiv ist. Wenn Sie z.B. beobachten, dass 30 Tage nach Ihrem Geburtstag die Sonne um 29°17'25" weitergelaufen ist, so benutzen Sie diesen Weg der progressiven Sonne als festen Schlüssel und dirigieren alle anderen Planeten sowie Aszendent, MC und Mondknoten um dieselbe Distanz voran. Diesen Weg der Sonne nennt man den wahren Sonnenbogen. Oder einmal anders dargestellt: Legen Sie auf Ihre Horoskopzeichnung eine durchsichtige Folie und zeichnen Sie dort alle Horoskoppositionen nochmals ein, befestigen Sie nun die Folie mittels eines Druckknopfes in der Mitte des Geburtshoroskops. Dann drehen Sie die Folie in Tierkreisrichtung, also gegen den Uhrzeigersinn um die Distanz Ihres jeweils zutreffenden Sonnenbogens. So werden die vorgeschobenen Positionen im Laufe ihrer Bewegung Aspekte zu den Radix-Positionen bilden. Diese sind besonders wirksam zu Aszendent und MC, aber auch zu Planeten und Halbsummen. Diese Methode, das Horoskop mit der progressiven Sonne als Schlüssel vorzuschieben, nennt man die Sonnenbogen-Direktion.

Das Lebenstheater

Es ist so wie im Theater: Das Grundhoroskop zeigt an, welche Rollen wir im Repertoire haben. Die mittels Sonnenbogen-Direktion von den vorgeschobenen Achsen (Aszendent und MC) berührten Planeten bzw. die von den vorgeschobenen Planeten berührten Achsen zeigen an, welche Theaterrollen aus dem Archiv, welche Kostüme aus dem Fundus und somit welche Aktionen auf die Bühne des Lebens gebracht werden. Sobald auch noch ein Transit-Planet die Radix-Position berührt, wird das Bühnenstück plötzlich beachtet. Die Presse berichtet quasi darüber. Besonders wenn ein an einer Direktion beteiligter Planet in Achsenkontakt kommt und dann auch noch ein Transit dieses Planeten über seine Radix-Position oder über die Achsen läuft, kann man ziemlich sicher davon ausgehen, dass das berührte Thema aktuell deutlich gelebt wird.

Aber auch alle Transite der langsamen Planeten führen dazu, dass die momentane Bühnenrolle als dramatischer erfahren wird.

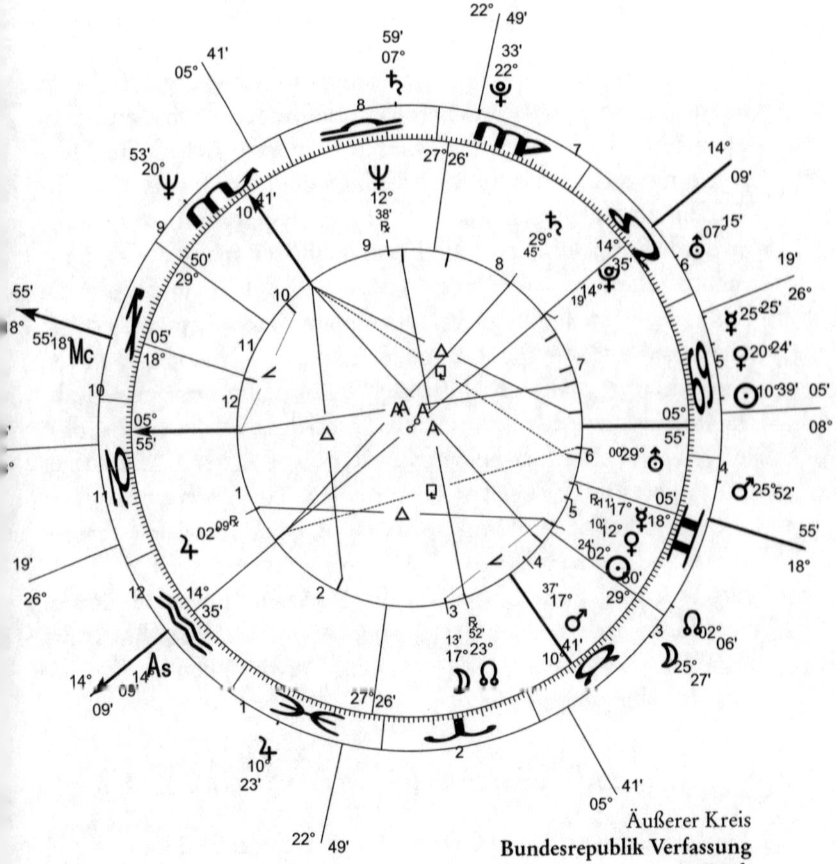

Innerer Kreis
Bundesrepublik Verfassung in Kraft
Radixhoroskop
24. Mai 1949
00:00 CEDT -2:00
Bonn, BRD
50°N44‘ 007°E05‘
Geozentrisch
Tropisch
Alcabitius
Mittlerer Mondknoten

Äußerer Kreis
Bundesrepublik Verfassung in Kraft
BRD Sonnenbogen Alter 40 Jahre
Sonnenbogen
24. Mai 1989
00:00 CEDT -2:00
Bonn, BRD
50°N44‘ 007°E05‘
Geozentrisch
Tropisch
Alcabitius
Mittlerer Mondknoten

Abb. 4: BRD Radix mit Sonnenbogen 40 Jahre

Sonnenbogen-Direktion und Ereignisauslösung

Kommt ein mit dem aktuellen Sonnenbogen vorgeschobener Planet zu einer Achse oder eine vorgeschobene Achse zu einem Planeten, so dominiert der jeweilige Planet das Leben. Die Dauer beläuft sich, wie bei Progressionen und Transiten, auf 1° zulaufend und 1° weglaufend. Wir erinnern uns daran, dass wir die progressive Sonne als Direktionsschlüssel benutzen, welche sich pro Tag um ca. 1° weiterbewegt, und dass ein Tag für ein Lebensjahr steht. Wenn wir also einen Wirkungsorbis von 1° benutzen und alle Planeten gleichmäßig vorschieben, so haben wir mit einem Jahr zunehmender Wirkung und einem Jahr abnehmender Wirkung zu rechnen. Jedoch zeigt die Praxis, dass die meisten «Treffer» bei ½° vor oder bis ½° nach der Exaktheit zu finden sind. Es zeigt sich aber ebenso, dass nicht unbedingt die exakt treffenden Direktionen ein Ereignis auslösen, obwohl diese das Thema anzeigen. Ereignisse lösen meistens die Transite aus, und zwar besonders die Planeten Jupiter bis Pluto, welche so langsam sind, dass sie einen tiefen Eindruck hinterlassen. *Die Transite zeigen also, wann etwas geschieht, und die Direktionen, was geschieht.*

Zwei einfache Beispiele – so geht's ganz schnell

Hat ein Geborener den Uranus auf 4° nach dem IC im 4. Haus, so zeigt sich die Tendenz, dass der Vater ein Freigeist ist. Nähert sich das IC nach 4° dem Uranus, so haben wir im Alter von drei bis fünf Jahren einen aktivierten Uranus. Wenn wir dann den Klienten fragen, ob sich die Familienstruktur (4. Haus) zwischen dem dritten und fünften Lebensjahr plötzlich verändert hat, und der Klient berichtet, dass der Vater die Familie verließ oder alle umzogen oder dass der Klient schon mit vier Jahren mit einem Köfferchen an der Bushaltestelle stand, um nach Amerika auszuwandern, so sollte dies nicht mehr verwunderlich sein.

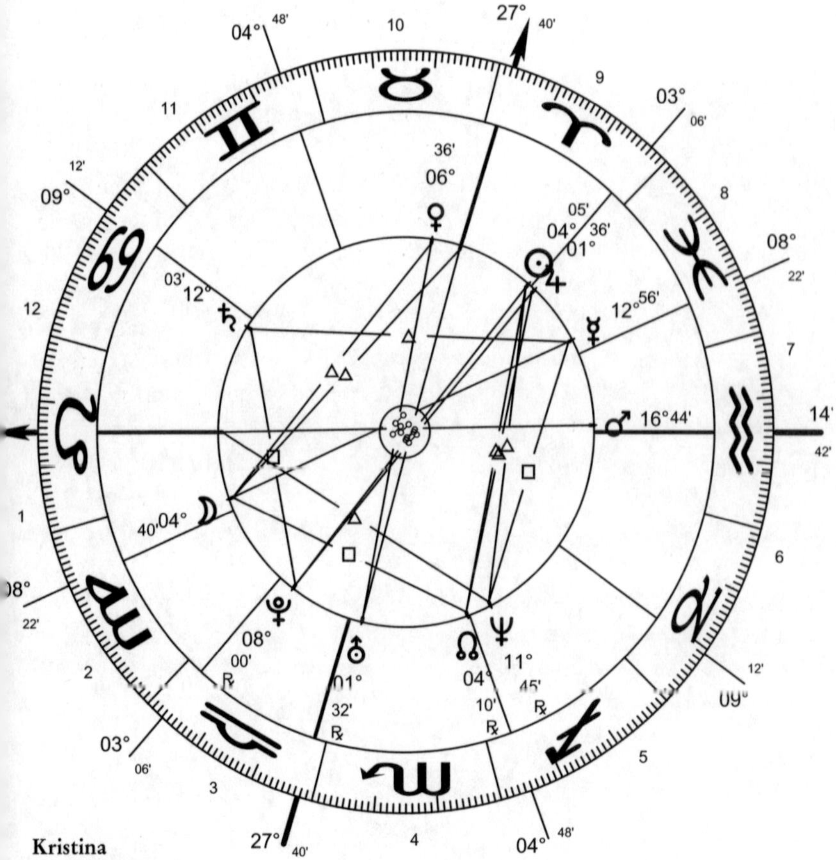

Kristina
Radixhoroskop
25. März 1975
14:48 USZ5 -6:00
Celinograd, Kasachstan
51°N10‘ 071°E30‘
Geozentrisch
Tropisch
Alcabitius
Mittlerer Mondknoten

Abb. 5: Radix Kristina mit Sonnenbogen 4 Jahre

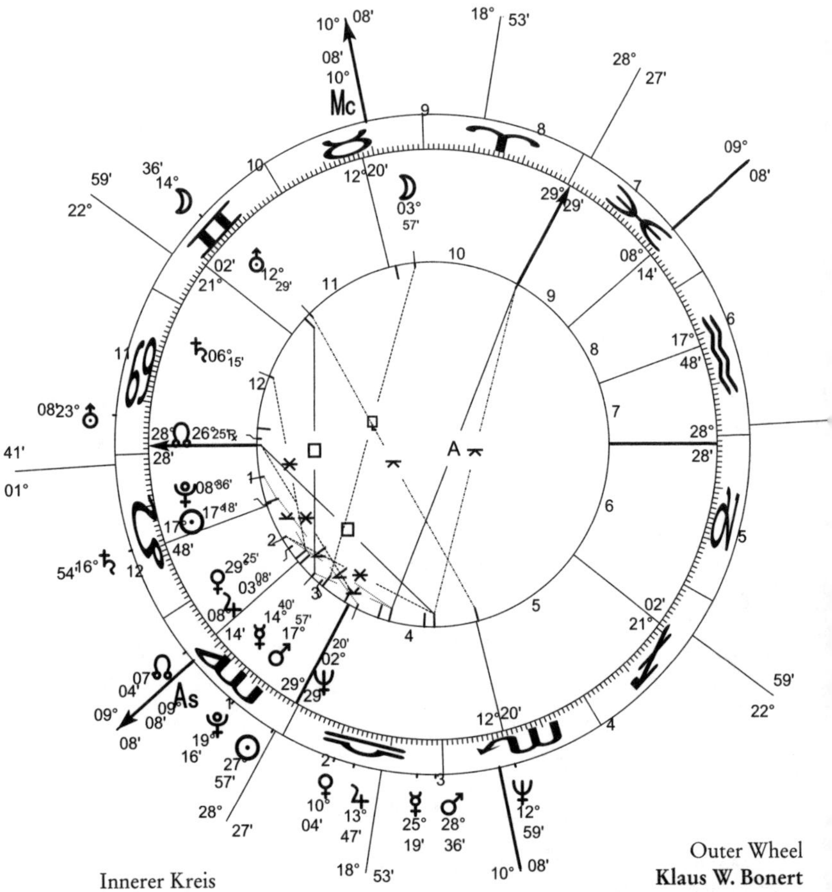

Innerer Kreis
Klaus W. Bonert
Radixhoroskop
10. August 1944
04:03 MESZ -2:00
Dersau/Plön
54°N07‘ 010°E21‘
Geozentrisch
Tropisch
Alcabitius
Mittlerer Mondknoten

Outer Wheel
Klaus W. Bonert
Sonnenbogen Alter 42 Jahre
Sonnenbogen
10. Aug 1986
04:10 MESZ -2:00
Dersau/Plön
54°N07‘ 010°E21‘
Geozentrisch
Tropisch
Alcabitius
Mittlerer Mondknoten

Abb. 6: Radix Autor mit Sonnenbogen 42 Jahre

Es gab in meinem Leben einmal fast anderthalb Jahre, in denen ich ständig fror, auch im Sommer bei 30° saß ich dick angezogen bei der Arbeit. Ich hatte mich prognostisch damals nur mit den Progressionen und den Transiten befasst und fand keine Erklärung. Dann erinnerte ich mich an die Sonnenbogen-Direktion und fand, dass der mit dem Sonnenbogen dirigierte Saturn exakt über meine Radix-Sonne zog. Als der Saturn den Orbis zur Sonne verließ, wurde mir endlich wieder wärmer. Von nun an war mir klar, dass man die Sonnenbogen-Direktionen nicht übersehen sollte.

Sie sehen also, wie schnell man mit der einfachen, ca. 1° pro Jahr betragenden Sonnenbogen-Direktion recht genau die wichtigen Lebensereignisse verfolgen kann.

Die Sonnengeschwindigkeit

In Wirklichkeit bewegt sich die Sonne ja nicht so, wie wir das wahrnehmen: Die Erde dreht sich täglich einmal um sich selbst und jährlich einmal um die Sonne. In Wirklichkeit verläuft die Erdbahn um die Sonne elliptisch, was zur Folge hat, dass sich die Erde in Sonnennähe (perihel) schneller bewegt als in Sonnenferne (aphel). Dass nun die größte Sonnennähe ausgerechnet im Winter der Nordhalbkugel stattfindet, ist so lange nicht einleuchtend, bis man sich erinnert, dass zur selben Zeit auf der Südhalbkugel Sommer ist, der dort heißer ist als in den gemäßigten nördlichen Breiten. Von der Erde aus gesehen scheint sich aber die Sonne zu bewegen. Für die astrologische Prognosearbeit ist nur wichtig, die unterschiedliche Geschwindigkeit der beobachteten Sonne im Jahreslauf zu kennen. Etwa zum kalendarischen Jahreswechsel hat die Sonne ihre größte Tagesgeschwindigkeit mit 1°01'10" erreicht und verlangsamt bis etwa zum 1. Juli den täglich zurückgelegten Bogen im Tierkreis. Ab etwa dem 1. Juli bis zum Jahresende gewinnt die Sonne wieder an Fahrt.

Mittlerer Sonnenbogen = Geburts-Sonnenbogen mit dem Alter multipliziert

Geburts-Daten

Alter	1.Jan.	1.Feb.	1.Mrz.	1.Apr.	1.Mai.	1.Jun.	1.Jul.	1.Aug.	1.Sep.	1.Okt.	1.Nov.	1.Dez.
	Lauf der Sonne in 24 Stunden = Sonnenbogen am Geburtstag											
01	1°01’09“	1°00’53“	1°00’13“	0°59’12“	0°58’13“	0°57’27“	0°57’12“	0°57’24“	0°58’03“	0°58’59“	1°00’01“	1°00’48
10	10°11’	10°09’	10°01’	09°50’	09°41’	09°34’	09°32’	09°34’	09°42’	09°51’	10°02’	10°09’
20	20°23’	20°18’	20°03’	19°41’	19°23’	19°08’	19°05’	19°08’	19°23’	19°42’	20°03’	20°18’
30	30°35’	30°27’	30°05’	29°32’	29°05’	28°42’	28°37’	28°42’	29°05’	29°33’	30°05’	30°28’
40	40°46’	40°36’	40°06’	39°23’	38°46’	38°16’	38°10’	38°16’	38°47’	39°23’	40°07’	40°37’
50	50°58’	50°45’	50°08’	49°14’	48°28’	47°50’	47°42’	47°50’	48°28’	49°14’	50°08’	50°46’
60	61°10’	60°55’	60°10’	59°05’	58°10’	57°25’	57°15’	57°25’	58°10’	59°05’	60°10’	60°55’
70	71°21’	71°04’	70°11’	68°55’	67°51’	66°59’	66°47’	66°59’	67°52’	68°55’	70°12’	71°04’
80	81°33’	81°13’	80°13’	78°46’	77°33’	76°33’	76°20’	76°33’	77°33’	78°47’	80°13’	81°13’
90	91°45’	91°22’	90°15’	88°37’	87°15’	86°07’	85°52’	86°07’	87°15’	88°38’	90°15’	91°23’

Tab. 1 – Der Mittlere Sonnenbogen

Echter Sonnenbogen = Progressive Sonne (1 Tag = 1 Jahr) als Direktionsschlüssel

Geburts-Daten

Alter	1.Jan.	1.Feb.	1.Mrz.	1.Apr.	1.Mai.	1.Jun.	1.Jul.	1.Aug.	1.Sep.	1.Okt.	1.Nov.	1.Dez.
	Lauf der Sonne in 24 Stunden = Sonnenbogen am Geburtstag											
01	1°01’09“	1°00’53“	1°00’13“	0°59’12“	0°58’13“	0°57’27“	0°57’12“	0°57’24“	0°58’03“	0°58’59“	1°00’01“	1°00’48“
10	10°12’	10°08’	10°01’	09°50’	09°51’	09°34’	09°32’	09°35’	09°42’	09°52’	10°02’	10°09’
20	20°23’	20°14’	19°58’	19°37’	19°19’	19°07’	19°04’	19°11’	19°27’	19°47’	20°07’	20°19’
30	30°32’	30°17’	29°53’	29°22’	28°56’	28°40’	28°37’	28°50’	29°15’	29°45’	30°11’	30°31’
40	40°40’	40°17’	39°44’	39°03’	38°30’	38°12’	38°12’	38°32’	39°07’	39°47’	40°23’	40°42’
50	50°46’	50°14’	49°30’	48°42’	48°03’	47°44’	47°48’	48°17’	49°01’	49°52’	50°32’	50°53’
60	60°51’	60°07’	59°15’	58°18’	57°35’	57°17’	57°27’	58°05’	58°59’	59°56’	60°45’	61°03’
70	70°49’	69°58’	68°56’	67°52’	67°08’	66°52’	67°09’	67°56’	69°00’	70°07’	70°55’	71°11’
80	80°46’	79°45’	78°35’	77°26’	76°40’	76°28’	76°54’	77°51’	79°05’	80°17’	81°07’	81°17’
90	90°40’	89°28’	88°11’	86°58’	86°13’	86°07’	86°42’	87°49’	89°12’	90°29’	91°17’	91°22’

Tab 2 – Der wahre Sonnenbogen

Der mittlere Sonnenbogen

In der folgenden Tabelle 1 sieht man, um welchen Bogen im Tierkreis die Sonne sich an Geburtstagen über das Jahr bewegt. Der Vereinfachung halber kann man sagen, dass die Sonne sich mit ca. 1° pro Tag weiterbewegt. Durchschnittlich handelt es sich um (360° : 365,25 Tage des Jahres) 0°59'08" pro Tag, im Januar mehr, im Juli weniger. Eine simple Multiplikation des Lebensalters mit dem Schlüssel 0°59'08" (von Naibod entdeckt) führt schnell zu Abweichungen vom tatsächlichen Lebenslauf und zu ungenaueren Prognosen im höheren Lebensalter. Reinhold Ebertin vereinfachte das Verfahren ca. 1950, als es noch keine Computer gab, und entwickelte die sogenannten Ereignistabellen. Darin multiplizierte er den Sonnenbogen des Geburtstages mit dem Alter. Wie in der Tabelle zu sehen ist, gibt es bei diesem Verfahren in Abhängigkeit vom Geburtsmoment und vom Geburtstag eine Annäherung an den wahren Sonnenverlauf. Dabei wird quasi unterstellt, dass die Sonne die Geschwindigkeit vom Geburtsdatum beibehält und gleichmäßig voranschreitet (daher mittlerer Sonnenbogen). Wie wir uns erinnern, ist dies, obwohl schon genauer, in fortgeschrittenerem Alter nicht mehr der tatsächlichen Geschwindigkeit entsprechend, denn die Geschwindigkeit nimmt ja zum Jahreswechsel hin täglich zu und zum Juli hin täglich ab. Auch diese Methode führt also zu Ungenauigkeiten in der Prognose. In jüngeren Jahren ist diese Methode jedoch durch die geringen Abweichungen als eine der «Faustregeln» durchaus brauchbar.

Der wahre Sonnenbogen

Berücksichtigt man den wahren Lauf der Sonne am Geburtstag, nimmt diese Strecke und dirigiert damit das Horoskop entsprechend der Progressionsregel 1 Tag = 1 Jahr, so erhalten wir die Direktion mit dem wahren Sonnenbogen. Der Begriff Progression – Fortschritt – zeigt den natürlichen Verlauf der Planeten von Tag zu Tag (wie bereits beschrieben). Hier greifen wir die Sonne heraus. Der Begriff Direktion bedeutet, dass wir mit einem bestimmten Schlüssel dirigieren, also alle Planeten im Horoskop gleichmäßig um dieselbe Strecke vorschieben. Der genaueste Schlüssel ist der natürliche, also der wahre Sonnenbogen. Die Schlüssel 1° pro Jahr, Naibod und der mittlere Sonnenbogen sind als Faustregel gut zu gebrauchen. Die Abweichung zum exakten Sonnenbogen ist jedoch zu beachten. In der Tabelle 2 sieht in der Zeile für das Alter von 90 Jahren deutlich, wie sich für die zu verschiedenen Jahreszeiten Geborenen der wahre Sonnenbogen ergibt. Die Abweichung von 1° pro Jahr bzw. vom mittleren Sonnenbogen wird klar. Mit größerer Praxis kann die Tabelle aber helfen, den tatsächlichen Sonnenbogen, abhängig vom Geburtsdatum und vom Alter, recht genau zu schätzen. Man kann z.B. sagen, dass bei einer Sommergeburt im Alter von 30 Jahren die Sonne erst 28 ½° zurückgelegt hat, bei einer Wintergeburt aber etwa 30 ½°. In höherem Alter aber liegen der echte und der mittlere Sonnenbogen immer weiter auseinander, besonders bei Herbst- und Frühjahrsgeburten. Darum hier die erste genaue Tabelle des echten Sonnenbogens, basierend auf der progressiven Sonne, nach Geburtsmonaten sortiert. Am Ende des Buches finden Sie die komplette Tabelle, für jedes Alter.

Die Wendepunkte im Leben

Wir erinnern uns, dass Aszendent und Medium Coeli auf dem Erdäquator immer in einem 90-Grad-Winkel zueinander stehen und dass somit die Themen der Elternhäuser (4 und 10) immer in «Entwicklungsspannung» zum 1. Haus der Person und zum 7. Haus der Partnerschaft stehen. Diese Spannung ist essenziell für die Entfaltung des eigenen Lebenspotenzials, was Noel Tyl in seinem Buch «Ganzheitsastrologie» sehr gut dargestellt hat. Man denke nur an die Partnerschaftsmodelle, im Unbewussten verankert durch das Elternbeispiel, oder an Abnabelungsunterstützung oder deren Verhinderung durch Elternkonflikte. Diese Prägungen, die durch diese Achsen entstehen, mit Auswirkungen auf das Verhalten im gesamten Leben, geschehen oft in der Kindheit bzw. Pubertät. Schwere Erlebnisse prägen oft für lange Zeit unbewusst das Verhalten. Als Schlüssel für die prägenden Wendepunkte dienen die Herrscher der Eckhäuser 1, 4, 7, 10, aber auch die Planeten in diesen Häusern, besonders wenn diese bereits im Radix im Spannungsaspekt zueinander stehen und so das Maß der Entwicklungsspannung erhöhen. Der kluge Astrologe fragt behutsam nach dem Ereignis, das in der Familie eintrat, als z.B. der Uranus in Spannung zum MC trat. Bei einem bodenständigen Kind kann im Alter von acht Jahren der Weggang des Vaters und der Umzug zu den Großeltern eine Entwurzelung bedeutet haben, durch die das Urvertrauen des Kindes einen gewaltigen Knacks bekommen hat. Andererseits kann bei einer künstlerisch veranlagten Frau ohne Erdzeichenbesetzung, die von den Eltern in eine Beamtenkarriere gedrängt worden war mit die mit einem liebenswerten, aber unkreativen Durchschnittsmann verheiratet ist, der Uranus, der im Alter von 33 Jahren in MC-Aspekt kam, eine völlig andere Ereignisauslösung zur Folge haben. Sie erlebte die Trennung vom Mann, der ihre philosophischen Studien und künstlerischen Übungen geringschätzte und sogar verachtete, als große Befreiung. Sie entwickelte sich zu einer wunderbaren Bildhauerin und Malerin und fand später einen ebenbürtigen Partner. Beruflich fördert sie jetzt Künstler und vergibt Auszeichnungen an die Besten in verschiedenen Sparten. Der kluge Astrologe fragt also nach der Bedeutung des Ereignisses für den Klienten, und zwar: «Und was hat Ihnen dieses Ereignis bedeutet?» Erst dann lernen wir von der Geschichte des Klienten, wie dieser «seine Planeten» erlebt und wie er sein Leben gestaltet. Würde man besserwisserisch behaupten: «Mit 33 ist Ihr Mann durchgebrannt, nicht wahr?», so könnte die

Antwort auch lauten: «Da habe ich einen Wassermann geheiratet.» oder «Da begann meine geistige Entwicklung mit der Astrologie.» Haben Sie Mut zu fragen und binden Sie in Ihre Frage nur die Grundbedeutung der planetaren, archetypischen Kräfte ein, und die Prognosen werden treffender. Mit dem Schlüssel der Achsenherrscher und deren Hausposition findet man oft das Lebensgebiet, in dem die Energie gelebt wird. Steht der Uranus, der sich im Alter von 33 Jahren auslöst, im 9. Haus, so ist eine geistige Befreiung durchaus zu erwarten. Die Sonnenbogen-Direktion mit oder auf die Herrscher von Haus 1, 4, 7, 10 bzw. die Planeten in den Eckhäusern zeigen so fundamentale Ereignisse auf wie mit keinen anders gestellten Planeten. In der klassischen Astrologie wurde den Planeten in den Eckhäusern 100 % Stärke zugeordnet, in den folgenden Häusern 50 % und in den sogenannten fallenden Häusern nur noch 25 %. Das ist auch heute noch zutreffend. Zuweilen zeigen Sonnenbogen-Direktionen der Eckhäuser Themen dramatischer Zeiten auf, besonders wenn es sich um den Verlust eines Menschen handelt, um Missbrauch oder um andere erschütternde Ereignisse wie einen Karriereabsturz oder die Vernichtung des Hab und Guts durch Feuer. Natürlich zeigen sich Eheschließungen, Geburten von Kindern, Befreiung von Ketten, große Entdeckungen oder Beförderungen ebenso durch den Sonnenbogen. Man muss sich aber im Klaren darüber sein, dass auch heikle Punkte zutage treten können, die der Heilung bedürfen oder eine Therapie nötig machen. Der Astrologe sollte Mut machen und auf kompetente Hilfe verweisen und vermeiden, auf Gebieten herumzudoktern, von denen er nichts versteht, denn die Vorliebe einiger «analytischer» Kollegen, die Schwächen und Wunden aufzuzeigen und dann zum nächsten Thema überzugehen, kann von verheerender Wirkung sein. Das ist, als würde der Chirurg den Leib öffnen, angeekelt ausrufen «Igitt, was für ein entzündeter Blinddarm!» und dann den Operationssaal verlassen. Übertragen heißt es also: *Nennen Sie keine Probleme, deren Lösung Sie nicht kennen.* Besser noch, wenn Sie ein Meister der

Transformation sind, nennen Sie nur Lösungen. Die Sonnenbogen-Direktion ist eine mächtige und deutliche Methode zur Erkennung der Lebensentwicklung und muss deshalb behutsam angewendet werden und nur dann, wenn man auch Problemlöstungsstrategien kennt.

Das folgende Beispiel (siehe Seite 40) mit dem Horoskop von Elisa zeigt deutlich die Wichtigkeit der Achsenherrscher und deren Auslösungen, die für das ganze Leben wirksam sind. Auch hier wird wieder deutlich, dass die klassischen Herrscher noch vor den modernen Herrschern von ausschlaggebender Bedeutung sind. Herrscher in Elisas Horoskop sind:

AC – Merkur
IC – Mars, Pluto
DC – Jupiter, Neptun
MC – Venus

Die Sonnenbogen-Direktion in der Praxis

Elisa – Ein Musterbeispiel für eine funktionierende Prognose

Elisa kommt mit einer feinen Erscheinung daher, mit klarem Blick und sicherem Schritt. Wie sie das erreicht hat, interessiert mich natürlich, denn der Neptun in der Waage im 2. Haus spricht eher für ein schwaches Selbstwertgefühl, ebenso das bei Sextil zum Pluto und das Trigon zum Merkur, die für ihre Verbindung von seelischen Inhalten und Intellekt und suggestive Gedankenkräfte stehen (siehe Kapitel: Bedeutungen der Planetenkombinationen = BPK). Dazu kommt das Quadrat des Neptuns zur Venus, welches für die Idealisierung der Partnerschaften und den damit verbundenen Enttäuschungen steht. Elisas Sonnenbogen-Direktionen mit Achsenkontakt sind ein wahres Schulbuchbeispiel für diese einfache Prognosemethode.

Um zu verstehen, wer zu uns kommt, untersuchen wir zunächst die wichtigsten Direktionen der Achsenherrscher und der Planeten in Achsenkontakt wegen ihrer starken Wirksamkeit. Elisa wuchs als kleines Kind bei ihrer Oma auf. Die erste Auslösung ist die vom Mars zum Aszendenten, der ca. 3 ½° davor im 12. Haus steht. Mars ist Herrscher vom 4. Haus (Wohnung) und vom 9. Haus (Weltanschauungen) sowie Teilherrscher vom 8. Haus (Tod). Ebenfalls mit etwa 4° kommt der dirigierte Pluto zu der engen Konjunktion von Mond und Saturn im 12. Haus. Im letzten Kapitel dieses Buches finden wir für Mars/Aszendent

MA/AC
«... eine aktionsreiche Zeit ... zur willensstarken Person entwickeln ... Konflikte und Widerstände aushalten ...».

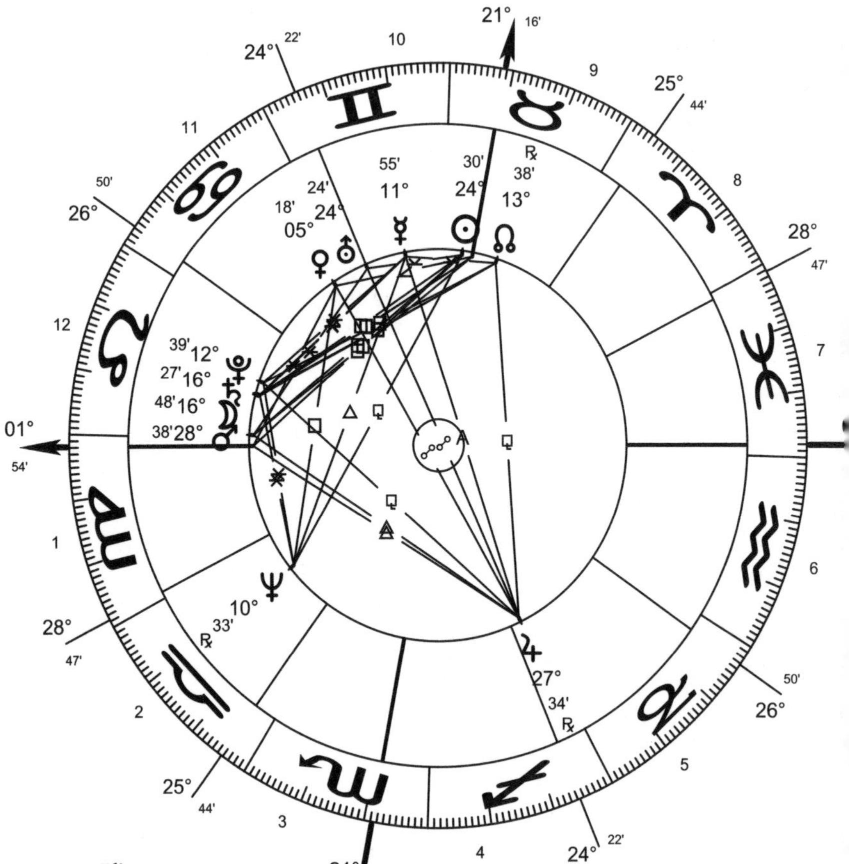

Elisa
Radixhoroskop
15. Mai 1948
13:00 CEDT -2:00
Ratzeburg, BRD
53°N42‘ 010°E46‘
Geozentrisch
Tropisch
Alcabitius
Mittlerer Mondknoten

Abb. 7: Elisa, Radix

Genug, um nach der Art der Krise zu fragen, denn wir wollen ja den Klienten mit den Planeten verbinden und ihm nicht unsere Befürchtungen einpflanzen. Elisa litt zu dieser Zeit mit ihrer Großmutter, denn diese kämpfte häufig mit heftigen Nierenkoliken und schrie laut, dass sie sterben wolle. Der erlösende Tod der Großmutter kam, als der dirigierte Jupiter ins Trigon zum Aszendenten trat, d.h. als Elisa knapp fünf Jahre alt war.

JU/AC
«... sich zum Erfolg entwickeln ... Beziehungen, die Glück bringen und Wachstum ermöglichen ... voller Optimismus ...»

Jupiter ist Herrscher des 8. Hauses. Es musste zwangsläufig eine andere Unterbringung befunden werden, denn Mars und Pluto sind die Herrscher des 4. Hauses. Derartige Eindrücke in so jungen Jahren werden meist verdrängt und bringen möglicherweise ein angeknackstes Urvertrauen mit sich. Diese Gedanken behält der Astrologe für sich, denn wichtig ist, wie der Klient ein Ereignis erlebte und sich dabei fühlte.

Sie können aus dem Kapitel zu den Planetenkombinationen also mühelos eine Deutung der Zweier-Kombinationen entnehmen, beachten Sie aber, wo die Planeten herrschen, um zu sehen, mit welchen Lebensgebieten ihre Auswirkungen in Verbindung stehen. Die Texte aus dem Anhang werden in den Beispielen ab hier nicht weiter erwähnt. Es wird empfohlen, falls die Deutung nicht geläufig sind, diese hinten nachzuschlagen. Im Anhang finden Sie auch die Tabellen für den wahren Sonnenbogen nach Lebensalter und Geburtsmonaten sortiert vor.

Wie wir dieser Tabelle entnehmen können, beträgt der Sonnenbogen für eine Maigeburt nach 20 Jahren rund 19°. Diese Strecke legt der Pluto zurück, der folglich mit 20 Jahren in Konjunktion zum Aszendenten kommt. Elisa berichtet für dieses Alter von heftigen Machtkämpfen mit dem Vater (Pluto ist Herrscher von Haus 4) wegen des ersten Freundes. Der Vater weinte zum ersten Mal, hatte Angst, seine Tochter zu verlieren (4. Haus Skorpion). Er zeigte sich übermäßig behütend. Elisa gab nicht auf und verfolgte ihren eigenen Weg – schließlich hatte sie den Pluto jetzt am Aszendenten. Sie durchlief eine intensive Wandlung und Reifung von größter seelischer Intensität «zwischen den beiden Männern».

Als ebenso wichtig sollte sich die Direktion vom MC zum Aszendentenherrscher Merkur, dem Herrscher der Persönlichkeit, erweisen. Die dirigierte IC/MC-Achse (Heim/Karriere) brachte Elisas Auszug von zu Hause mit sich, nämlich mit knapp 22 Jahren. Der Sonnenbogen betrug 21° (siehe Tabelle im Anhang), also genau die Distanz zwischen MC und Merkur: Erkennen von Lebensziel und Beruf.

Bei dem nächsten wichtigen Ereignis im Alter von 38 Jahren hatte die IC/MC-Achse die 36 ¼° bis zum Jupiter zurückgelegt. Der Umzug in eine andere Stadt hatte mit beruflichen (MC) Gründen sowie partnerschaftlichen (Jupiter ist Herr von 7) zu tun. Außerdem ist Jupiter Mitherrscher vom 4. Haus und steht im 4. Haus, was die Aufbruchsstimmung verstärkt.

Im Alter von 40 Jahren hatte der Sonnenbogen 38 ½° zurückgelegt, die Distanz vom Aszendenten bis zum Neptun. Bald darauf, mit 42 Jahren, wurde die Distanz von knapp 41° vom Neptun zu der MC-Opposition zurückgelegt. Bedenkt man noch den Orbis von 1°, so kann man die gesamte Phase von 39–43 als von Neptun dominiert bezeichnen. Elisa begab sich in eine Psychosynthese-Therapie nach Assagioli. Hier konnte ihre Seele heilen und ihr Neptun die nötige Wertschätzung erfahren. Ihre Feinfühligkeit als Basis ihres neuen Selbstwertgefühls (Neptun in 2) wurde endlich als hohes Gut geachtet. Nebenbei definierten sich ihre partnerschaftlichen Bedürfnisse klarer (Quadrat Venus). Venus ist Herrscher von Neptun in der Waage, dem MC im Stier und Erhöhungsherrscher vom 7. Haus in den Fischen.

Für den Sonnenbogen von 44° vom MC bis zur Venus sind gut 45 Jahre nötig. Zu dieser Zeit erlebte Elisa eine wunderbare romantische Liebe zu einem Kunstmaler (Venus im Krebs im 11. Haus = Liebe empfangen). Man sieht also, dass Elisa ihre traumatischen Kindheitserfahrungen aufgearbeitet hat, ihr schwaches Selbstwertgefühl zu einer allseits geschätzten Empfindsamkeit entwickelt hat, so dass ihre Liebesfähigkeit bewusst aufblühen konnte. Dieses von ihr entwickelte Potenzial muss für die weiteren Prognosen als Grundlage und Kapital berücksichtigt werden. Elisa steht dem Leben erwachsen und klar gegenüber.

Jetzt, im Alter von 58 Jahren und 56° Sonnenbogen, kommt die Venus zum Aszendenten, und eine neue Liebe ist gerade im Entstehen. Beruflich können sich bessere Aussichten ergeben, denn die Venus ist Herr von 10. Der zweiten Saturn-Wiederkehr dürfte Elisa bewusster und wacher entgegensehen, da sie sich inzwischen innerhalb der von ihr selbst akzeptierten persönlichen Grenzen gut entwickelt hat.

Wenn mit etwa 70 Jahren der Uranus zum Aszendenten kommt, könnte nochmals ein Aufbruch geschehen, und eigenwillige Ideen könnten wieder kreativ aufgegriffen werden.

Grundsätzlich gelten diese fünf goldenen Schritte:

1. *Die Herrscher der Achsen feststellen.*
2. *Planeten in den Eckhäusern feststellen.*
3. *Distanz der Planeten zu den Achsen bzw. Distanz der Achsen zu den Planeten mittels Sonnenbogen-Tabelle in Jahre umrechnen.*
4. *Der Ephemeride die langsamen, auslösenden Transite entnehmen.*
5. *Deuten der Direktionen und Transite.*

Wolfgang Amadeus Mozart

Der berühmte Komponist wurde am 27.01.1756 um 20 Uhr in Salzburg geboren. Seine große Kreativität ist dem Radix auf einen Blick zu entnehmen, so dass man ihn als einen fremden Klienten quasi fragen müsste: «Wo liegt Ihr schöpferisches Ventil?» Zu offensichtlich sind sieben quintilische Aspekte, die dafür stehen. Auch übernimmt die Venus eine kritische Dominanz, da sie im 165° Quindecile-Aspekt zum Aszendenten und im forcierenden Trigon zum Mars steht. Künstlerische Aktionen sind also veranlagt. Die Sonne in Konjunktion mit Merkur und mit Saturn, alle wiederum in Opposition zum Neptun, steht im intellektuell strukturierten Wassermann und verleiht der Persönlichkeit großen Glanz in der Öffentlichkeit, da sie auch im Trigon zum MC steht. Die Verbindung vom Neptun zu dem Komplex verleiht der kreativen Fantasie Flügel. Die Sonne/Neptun-Opposition führt zu einer Idealisierung der Vaterfigur. Die Konjunktion vom Mondknoten zum Aszendenten wurde einmal von einem Astrologen als der «In-der-Hand-Gottes-Aspekt» bezeichnet, der für eine innere Führung aus höheren Quellen spricht und für «instant karma» (bewusste Verstöße gegen natürliche Gesetze werden von Gott sofort bestraft). Das Unterscheidungsvermögen des Jungfrau-Aszendenten wird durch die inspirierende Kombinatorik des Uranus in den Fischen in Opposition zum Aszendenten stark bereichert. Zu Aszendent, Mondknoten und Uranus steht die Pluto/Mond-Konjunktion im Schützen im Quadrat, so dass seine begeisternde, tiefe Emotionalität charismatisch ausgedrückt werden kann.

Im Alter von nur knapp 36 Jahren, am 05.12.1791 um 00.10 Uhr, starb Mozart in Wien. Die Sonne/Merkur-Konjunktion stand am tiefsten Punkt in seinem Horoskop am IC, klassisch gesehen also am Grab. Aszendent und Mars (sein Herrscher des 8. Hauses) standen als Auslöser im Transit bei seinem Jungfrau-Aszendenten.

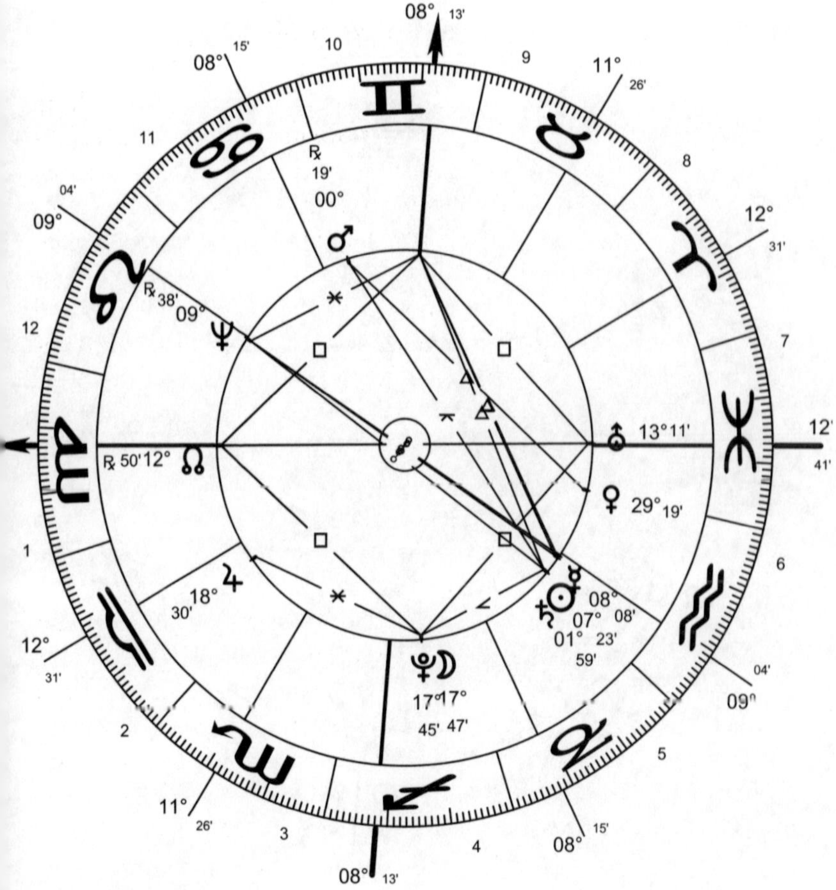

Wolfgang Amadeus Mozart
Radixhoroskop
27. Januar 1756 NS
20:00 LMT -0:52:08
Salzburg, Österreich
47°N48‘ 013°E02‘
Geozentrisch
Tropisch
Alcabitius
Mittlerer Mondknoten

Abb. 8: W. A. Mozart – Radix

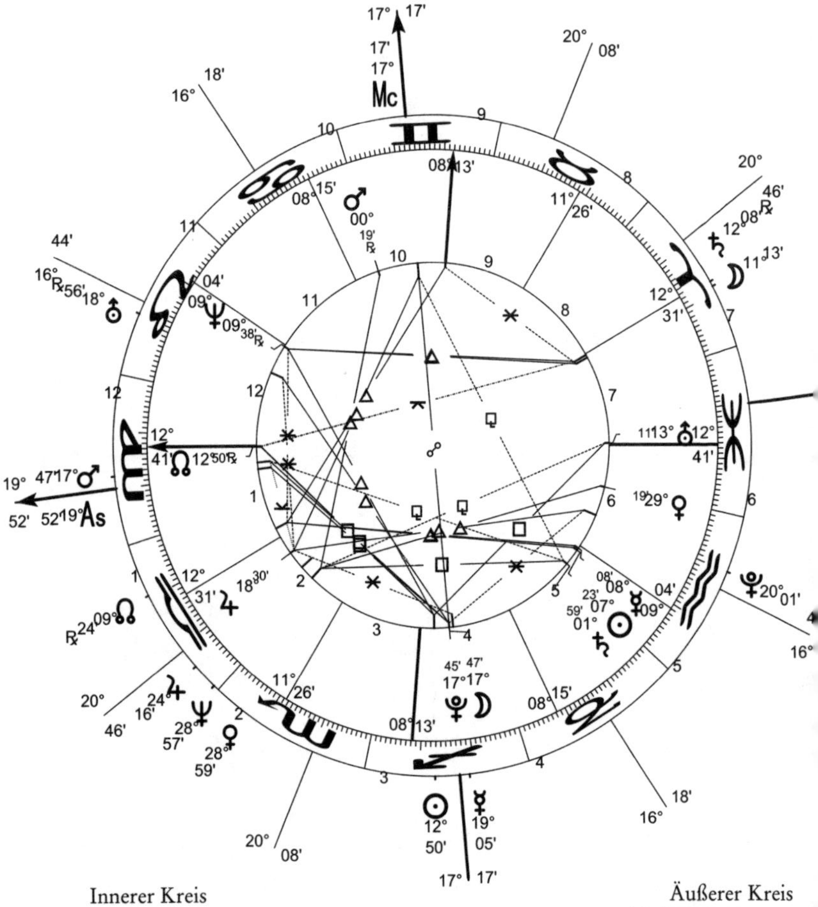

Innerer Kreis
Wolfgang Amadeus Mozart
Radixhoroskop
27. Januar 1756 NS
20:00 LMT -0:52:08
Salzburg, Österreich
47°N48‘ 013°E02‘
Geozentrisch
Tropisch
Alcabitius
Mittlerer Mondknoten

Äußerer Kreis
Tod W. A. Mozart
Radixhoroskop
5. Dezember 1791 NS
00:10 LMT -1:05:20
Wien, Österreich
48°N13‘ 016°E20‘
Geozentrisch
Tropisch
Alcabitius
Mittlerer Mondknoten

Abb. 9: Mozart – Radix mit Transit Tod

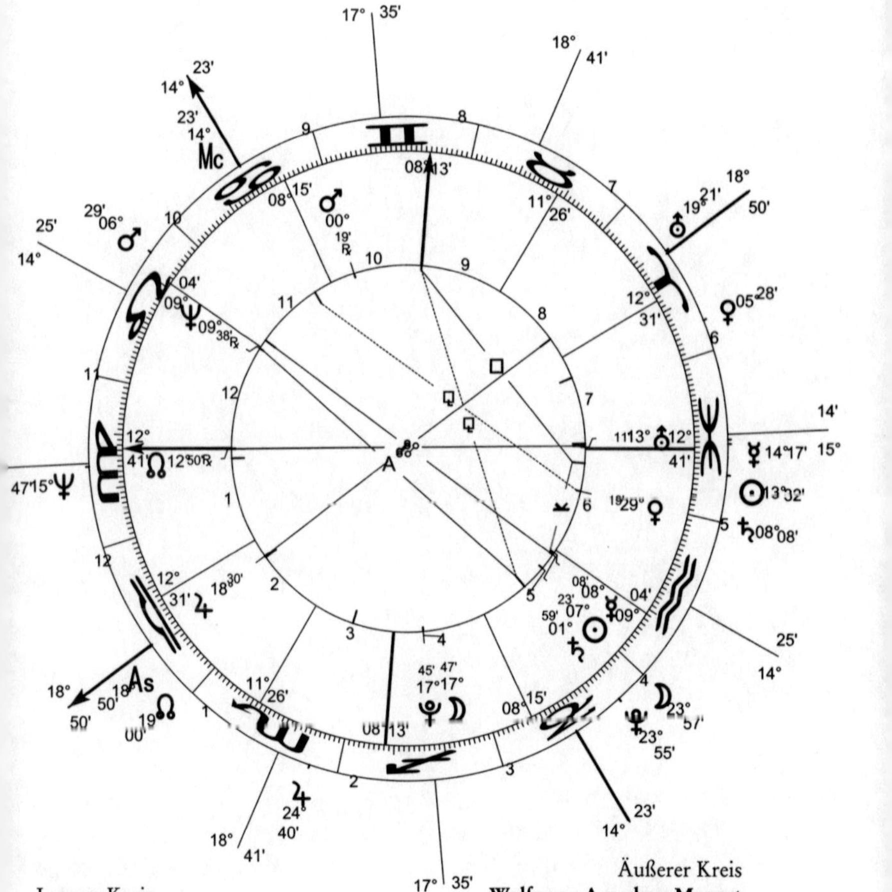

Innerer Kreis
Wolfgang Amadeus Mozart
Radixhoroskop
27. Januar 1756 NS
20:00 LMT -0:52:08
Salzburg, Österreich
47°N48‘ 013°E02‘
Geozentrisch
Tropisch
Alcabitius
Mittlerer Mondknoten

Äußerer Kreis
Wolfgang Amadeus Mozart
Sonnenbogen-Direktion Tod
Sonnenbogen
5. Dezember 1791 NS
00:10 LMT -0:52:08
Salzburg, Österreich
47°N48‘ 013°E02‘
Geozentrisch
Tropisch
Alcabitius
Mittlerer Mondknoten

Abb. 10: Mozart – Radix mit Sonnenbogen Tod

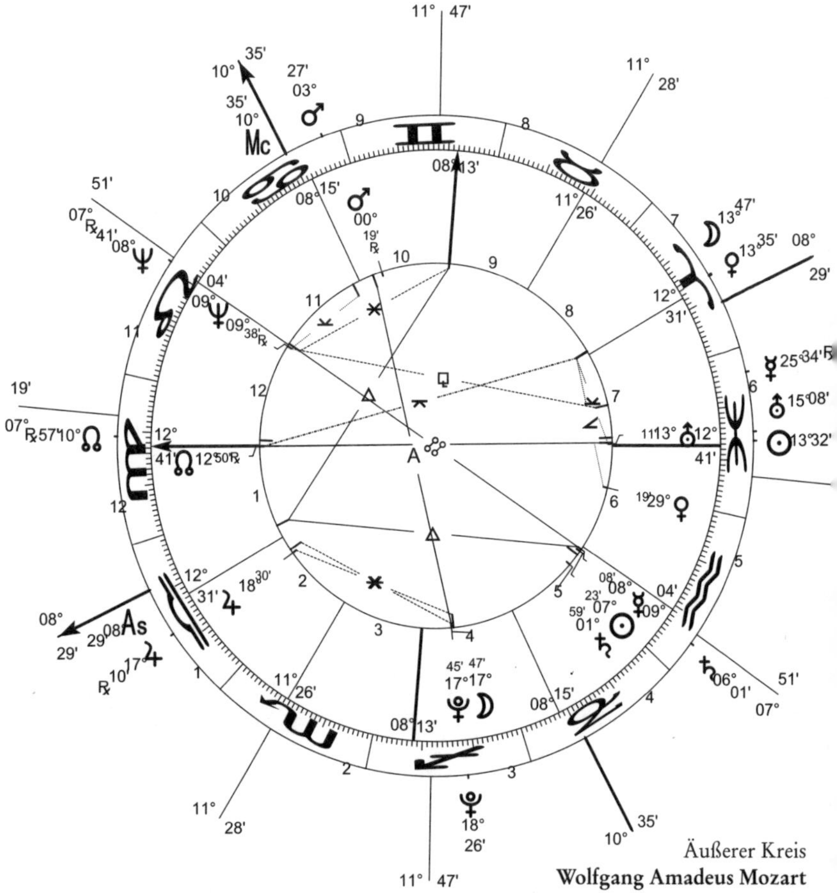

Äußerer Kreis
Wolfgang Amadeus Mozart
Progression Tod 36 Jahre
Sekundärprogression
Sonnenbogen in RA
5. Dezember 1791 NS
00:10 LMT -0:52:08
Salzburg, Österreich
47°N48' 013°E02'
Geozentrisch
Tropisch
Alcabitius
Mittlerer Mondknoten

Innerer Kreis
Wolfgang Amadeus Mozart
Radixhoroskop
27. Januar 1756 NS
20:00 LMT -0:52:08
Salzburg, Österreich
47°N48' 013°E02'
Geozentrisch
Tropisch
Alcabitius
Mittlerer Mondknoten

Abb. 11: Mozart – Radix mit Progression Tod

Deutlich sehen wir in der Sonnenbogen-Direktion den dirigierten Mars in Opposition zum Radix-Merkur und zur Radix-Sonne: Der Herrscher des 8. Hauses war also in Opposition zum Herrscher vom 1. Haus. Der dirigierte Saturn (der Herrscher der Sonne) im Quadrat zum MC bestärkt die Spannungen. Die dirigierte Achse von Aszendent und Uranus steht jetzt auf Jupiter, der Herr des 4. Hauses ist, dem Grab.

Der direktionale Neptun war zwar bereits drei Jahre zuvor über den Aszendenten gelaufen. Jedoch wirkt eine Schwächung durch Neptun meist lange nach.

Die Vorteile der modernen Intensivmedizin gab es leider zu Lebzeiten Mozarts noch nicht, so dass derartige Angriffe auf die Gesundheit oft fatal endeten, besonders bei hochsensiblen Naturen.

In der Progression finden wir den Mond im 8. Radix-Haus, und von den langsamen Planeten hat der Herr von 8, Mars, im kritischen Quindecile (165°) zu Pluto Position bezogen, eine ernst zu nehmende Konfiguration.

Papst Benedikt XVI.

Die Wahl von Joseph Ratzinger zum Papst am 19.04.2005 um 17.58 Uhr in Rom sollte an der Beteiligung von Pluto, dem Signifikator für Massenbewegungen, zu erkennen sein. Überdies sind Pluto und Mars Herrscher des 9. Hauses von Joseph Ratzinger. Sein Aszendent Fische wird von Jupiter und Neptun beherrscht. Jupiter steht in enger Konjunktion zum Aszendenten, und auch Merkur steht im 1. Haus in den Fischen. Das MC steht im Schützen im Trigon zur Sonne und zum Neptun (Religion). Somit spricht alles für die Kirchenarbeit.

Bei der Sonnenbogen-Direktion nimmt der Pluto eine Schlüsselposition ein. Er bildet ein Quadrat zum Mondknoten, ein Trigon zur Venus und eine Opposition zum Merkur in den Fi-

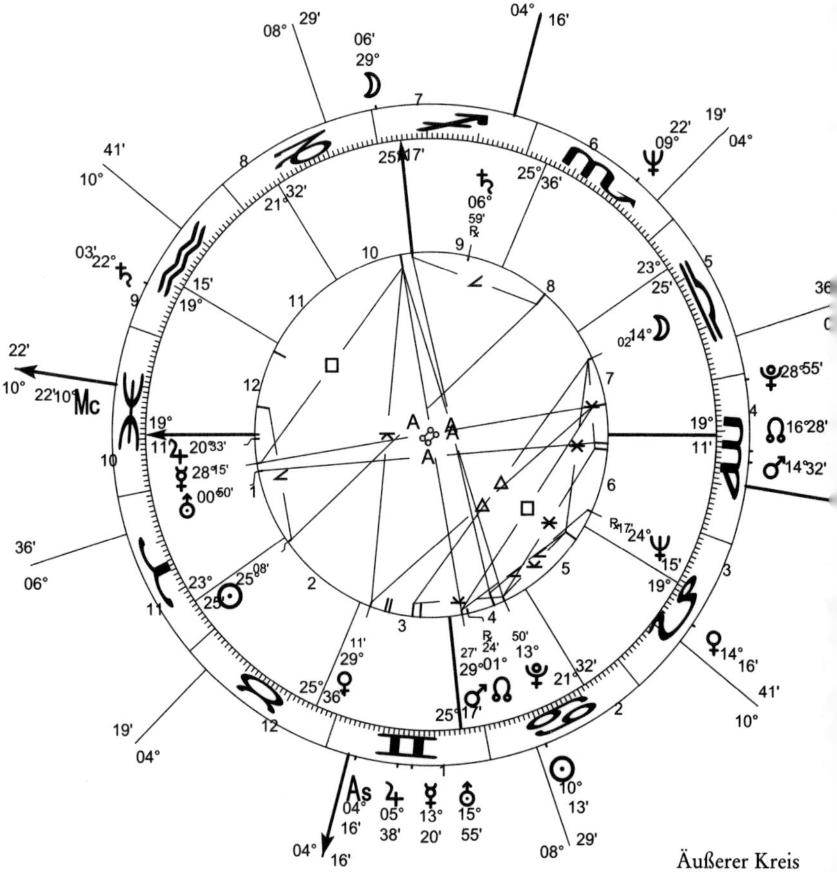

Innerer Kreis
Joseph Ratzinger
Radixhoroskop
16. April 1927
04:15 CET -1:00
Marktl, BRD
48°N15‘ 012°E51‘
Geozentrisch
Tropisch
Alcabitius
Mittlerer Mondknoten

Äußerer Kreis
Joseph Ratzinger
Wahl Papst Benedikt XVI.
Sonnenbogen
19. April 2005
17:58 CET -1:00
Marktl, BRD
48°N15‘ 012°E51‘
Geozentrisch
Tropisch
Alcabitius
Mittlerer Mondknoten

Abb. 12: Papst Benedikt XVI. mit Sonnenbogen bei der Wahl

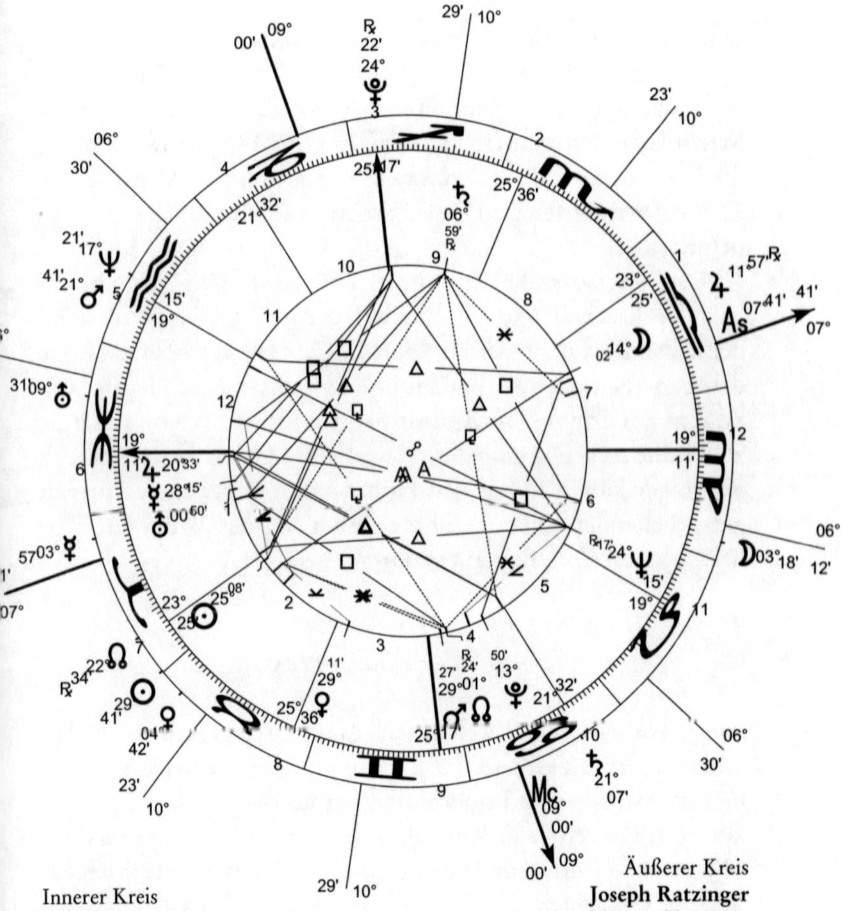

Innerer Kreis
Joseph Ratzinger
Ereignishoroskop
16. April 1927
04:15 CET -1:00
Marktl, BRD
48°N15‘ 012°E51‘
Geozentrisch
Tropisch
Alcabitius
Mittlerer Mondknoten

Äußerer Kreis
Joseph Ratzinger
Papstwahl Benedikt XVI.
Ereignishoroskop
19. April 2005
17:58 CEDT -2:00
Vatikanstadt, Italien
41°N54‘ 012°E27‘
Geozentrisch
Tropisch
Alcabitius
Mittlerer Mondknoten

Abb. 13: Papst Benedikt XVI. mit Transit Wahl

schen. Auch der alte Herrscher des 9. Hauses, Mars, macht dirigiert ein Sextil zum Radix-Pluto. Und der dirigierte Mond steht in Opposition zum Radix-Mars. Das Thema religiöse Macht ist somit mehrfach gezeigt. In etwa 3 ½ Jahren rückt die direktionale Sonne auf den Radix-Pluto, wenn der Papst seinen 82. Geburtstag feiert. Diese Direktion dürfte auch sein Amt betreffen.

Was die auslösenden Transite betrifft, so sind diese von bestechender Klarheit und Pünktlichkeit. Am Tag der Wahl stand der transitierende Pluto am Radix-MC, was die Machtzunahme deutlich zeigt. Der Aszendent in Konjunktion zum Jupiter bekommt ein Trigon vom Transit-Saturn. Jupiter, Neptun, Schütze, Fische stehen ja eindeutig für religiöse Orientierung. Joseph Ratzinger kam also auf den Höhepunkt einer seinen Anlagen entsprechenden Karriere. Er wurde am 16.04.1927 um 4.15 Uhr in Marktl am Inn, Bayern, geboren.

Howard Sasportas

Autor von vielen weltweit geschätzten Astrologiebüchern, zusammen mit Liz Greene der Begründer des Centre for Psychological Astrology in London und ein hervorragender Analytiker und Referent von Weltruhm, starb Howard Sasportas mit 44 Jahren zu früh an den Folgen von AIDS. Ich erlebte ihn noch 14 Tage vor seinem Tod bei der United Astrology Conference in den USA, strahlend, von Kollegen gestützt, mit einer Kerze in der Hand, bei einer Zeremonie zur Ehrung der verstorbenen Astrologen, im Wissen, dass er dort auch bald genannt werden würde. Die Transite, die mit der Auslösung einhergingen, waren die folgenden: Die Sonne war gerade in sein 4. Haus getreten (klassisch das Haus des Grabes), und der Pluto stand auf 4 Bogenminuten genau am MC. Der transitierende Saturn stand in Opposition zum Radix-Saturn (dort in Konjunktion zu Pluto): eine Wiederholung des Radix-Themas Triebkontrolle, die

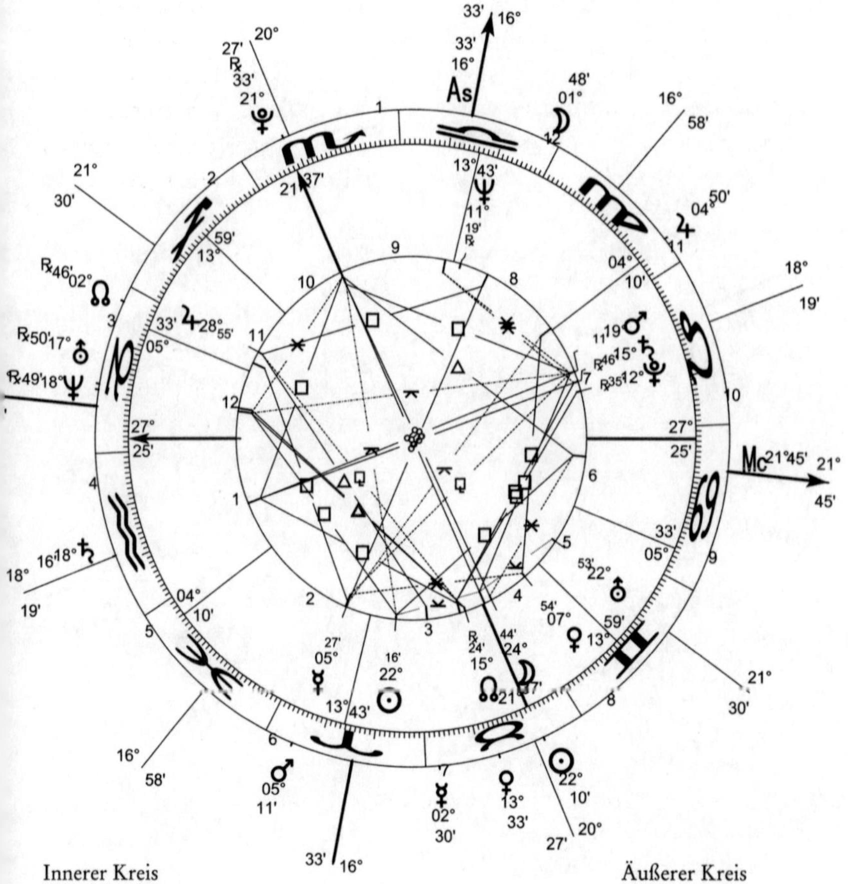

Innerer Kreis	Äußerer Kreis
Howard Sasportas	**Tod Howard Sasportas**
Radixhoroskop	Ereignishoroskop
12. April 1948	12. Mai 1992
01:46 EST +5:00	17:12 BST -1:00
Hartford, CT	London, England
41°N45'49" 072°W41'08"	51°N30' 000°W10'
Geozentrisch	*Geozentrisch*
Tropisch	*Tropisch*
Alcabitius	*Alcabitius*
Mittlerer Mondknoten	*Mittlerer Mondknoten*

Abb. 14: Howard Sasportas – Radix mit Transit Tod

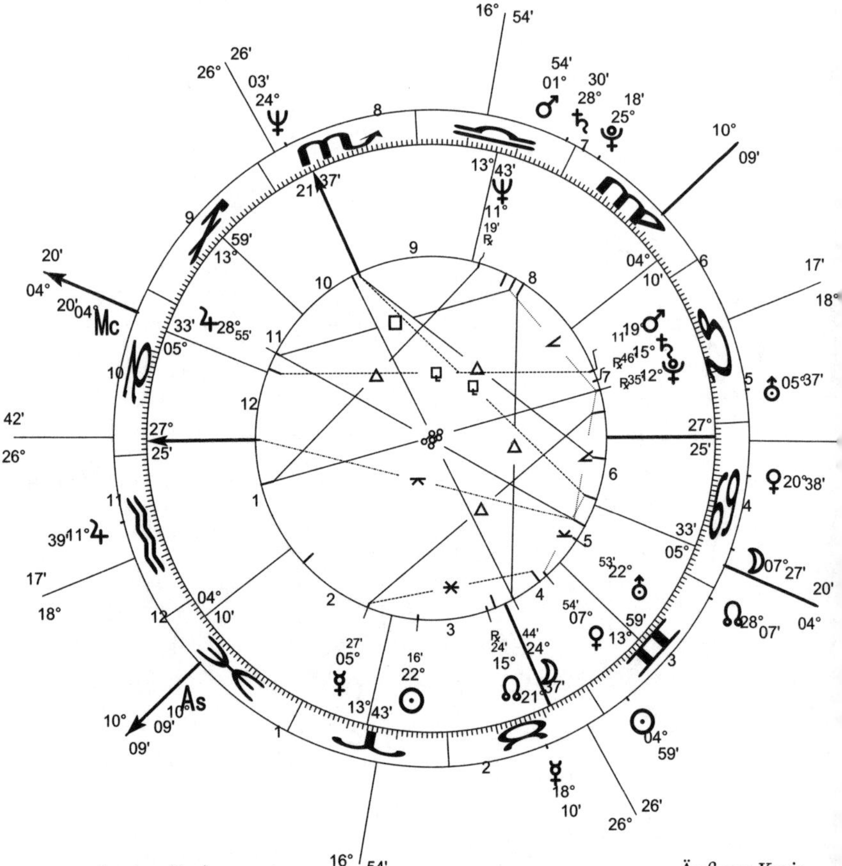

Innerer Kreis
Howard Sasportas
Radixhoroskop
12. April 1948
01:46 EST +5:00
Hartford, CT
41°N45'49" 072°W41'08"
Geozentrisch
Tropisch
Alcabitius
Mittlerer Mondknoten

Äußerer Kreis
Tod H. Sasportas
Sonnenbogen
12. Mai 1992
17:58 EST +5:00
Hartford, CT
41°N45'49" 072°W41'08"
Geozentrisch
Tropisch
Alcabitius
Mittlerer Mondknoten

Abb. 15: H. Sasportas – Radix mit Sonnenbogen Tod

sich jetzt als Energieblockade zeigt. Der transitierende Mars stand auf Merkur, dem Herrscher des 8. Hauses, im Anderthalbquadrat zum Radix-Mars. Und der Transit-Mondknoten bildete ein Anderthalbquadrat zum Radix-Mondknoten.

Nun zu den Sonnenbogen-Direktionen: Die dirigierte Sonne und der dirigierte Uranus bildeten jeweils ein Sextil und ein Trigon zum Herrn vom 8. Haus des Todes, dem Radix-Merkur. Hier sieht man die Kraft, das Leid zu ertragen. Das dirigierte MC bildete ein Anderthalbquadrat zum gespannten Radix-Mars, was bei dieser Krankheit wohl eher als ungünstig zu betrachten ist. Der dirigierte Mondknoten befindet sich in Opposition zum Jupiter und im Quinkunx zum Aszendenten. Der Mondknoten spielt oft beim Knüpfen, aber auch beim Beenden von Bekanntschaften eine Rolle, aber auch beim Knüpfen des Lebensfadens, siehe Transite. Der Jupiter zeigt eine erlösende Komponente an. Der Sonnenbogen-Jupiter in Opposition zum Pluto spricht hier auch eher für die Erlösung und den Frieden nach dem Tode und im Rückblick auf ein reiches Leben. Für die spirituelle Natur seines Hinübergehens spricht auch der dirigierte Jupiter im Trigon zum Radix-Neptun. Hier sieht man deutlich, dass die Deutungen jeweils auf den Gegebenheiten des Lebens aufzubauen sind. Howard fand wirklich die Begleitung von guten Freunden auf dem Weg zum erlösenden Frieden. Er wurde am 12.04.1948 um 01.46 Uhr EST in Hartford CT, USA, geboren und starb am 12.05.1992 um 17.12 Uhr in London.

Dr. Christoph Schubert-Weller

Die Wahl von Dr. Christoph Schubert-Weller zum Präsidenten des Deutschen Astrologen-Verbandes DAV sollte sich doch in den Sonnenbogen-Direktionen finden lassen. Wie wir sehen, war zum Zeitpunkt der Wahl der dirigierte Aszendent in Konjunktion zum Radix-Pluto. Astrologisch gedeutet, heißt das: Er (Aszendent) kam zu Macht (Konjunktion Pluto). Brauchen wir

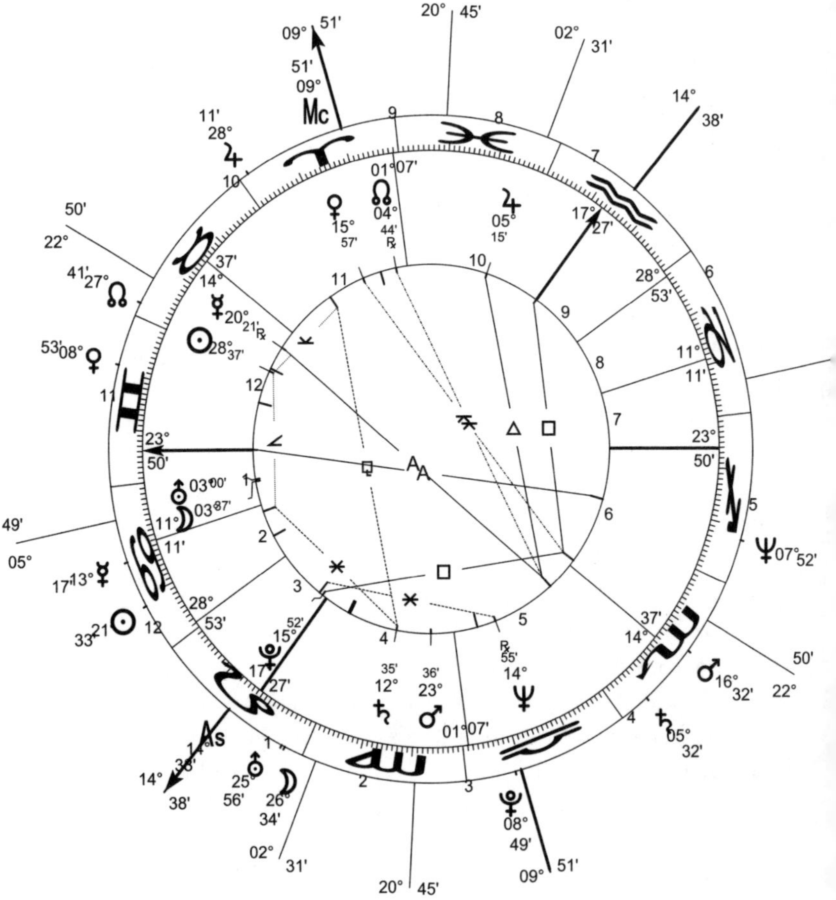

Innerer Kreis
Dr. Christoph Schubert-Weller
Radixhoroskop
20. Mai 1950
06:00 CET -1:00
Münster, BRD
51°N57‘ 007°E37‘
Geozentrisch
Tropisch
Alcabitius
Mittlerer
Mondknoten

Äußerer Kreis
Dr. Christoph Schubert-Weller
Wahl DAV-Präsident
Sonnenbogen
8. Oktober 2005
16:00 CEDT -2:00
Bonn, BRD
50°N44‘ 007°E05‘
Geozentrisch
Tropisch
Alcabitius
Mittlerer
Mondknoten

Abb. 16: Radix Schubert-Weller mit Sonnenbogen Wahl DAV-Vorsitzender noch mehr? Nein. Wir dürfen aber wohl unterstellen, dass seine fruchtbare jahrzehntelange Arbeit ihm jetzt auch eine tiefgreifende Transformation der Persönlichkeit bescherte. Zusätzlich trat der dirigierte Aszendent in sein 4. Haus, Opposition MC, was eine Veränderung der Karriere und der Wohnsituation verspricht. Der direktionale Aszendent im Trigon zur Radix-Venus bringt ihm die ewig reizende Venus nahe, und der dirigierte Mars im Quadrat zum MC steigert den Antrieb, etwas zu erreichen, was seiner Berufung entspricht. Wir sehen, dass noch andere direktionale Aspekte zum Radix aktuell waren: Merkur im Sextil zum Saturn, der Mondknoten in Konjunktion zur Sonne, Saturn im Trigon zum Jupiter, die Sonne im Sextil zum Merkur. Die Aspekte mit dem Götterboten Merkur sind schon etwas über 1° hinaus, sie zeigen, dass sein wertvolles Buch zur Geburtszeitkorrektur vor kurzer Zeit nachgedruckt wurde. Klar zu sehen ist einmal mehr, dass Planeten in Achsenbeziehung ins Rampenlicht gerückt werden und so das aktuelle Leben beschreiben, während andere Auslösungen nicht so offensichtlich wirken.

Swami Vivekananda

Er war einer der großen Erleuchteten Indiens und wurde am 12.01.1863 um 06:45 Uhr LMT = 00:52 GMT in Kalkutta geboren. In seinem relativ kurzen, aber intensiven Leben gab es sicher einige herausragende Ereignisse, wovon hier zwei dargestellt werden sollen.

Im Jahre 1897 gründete er die Ramakrishna Mission zu Ehren seines Meisters. Vivekananda war einer der ersten Yogis, die im Westen hinduistische, vedische Weisheiten lehrten. In diesem Jahr machte der direktionale Aszendent ein Trigon zum Radix-Jupiter im 9. Haus der Philosophie, und der dirigierte Uranus kam in die Opposition zum Aszendenten (vedisches Wissen für die Welt). Verstärkend zu diesen eindeutigen Direktionen kam unter anderem die direktionale Venus ins Trigon zum MC (die

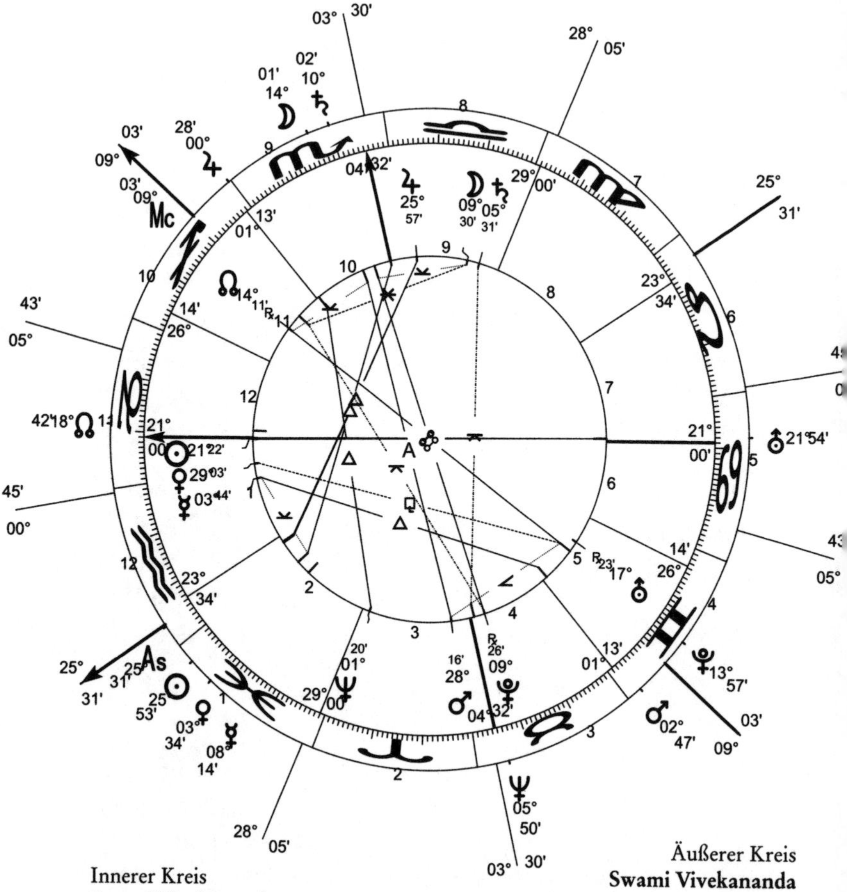

Innerer Kreis
Swami Vivekananda
Radixhoroskop
12. Januar 1863 NS
06:45 LMT -5:53:28
Kalkutta, Indien
22°N32‘ 088°E22‘
Geozentrisch
Tropisch
Alcabitius
Mittlerer Mondknoten

Äußerer Kreis
Swami Vivekananda
Gründung Ramakrishna Mission
Sonnenbogen
12. Januar 1897 NS
16:00 LMT -5:53:28
Kalkutta, Indien
22°N32‘ 088°E22‘
Geozentrisch
Tropisch
Alcabitius
Mittlerer Mondknoten

Abb. 17: Vivekananda mit Sonnenbogen Mission

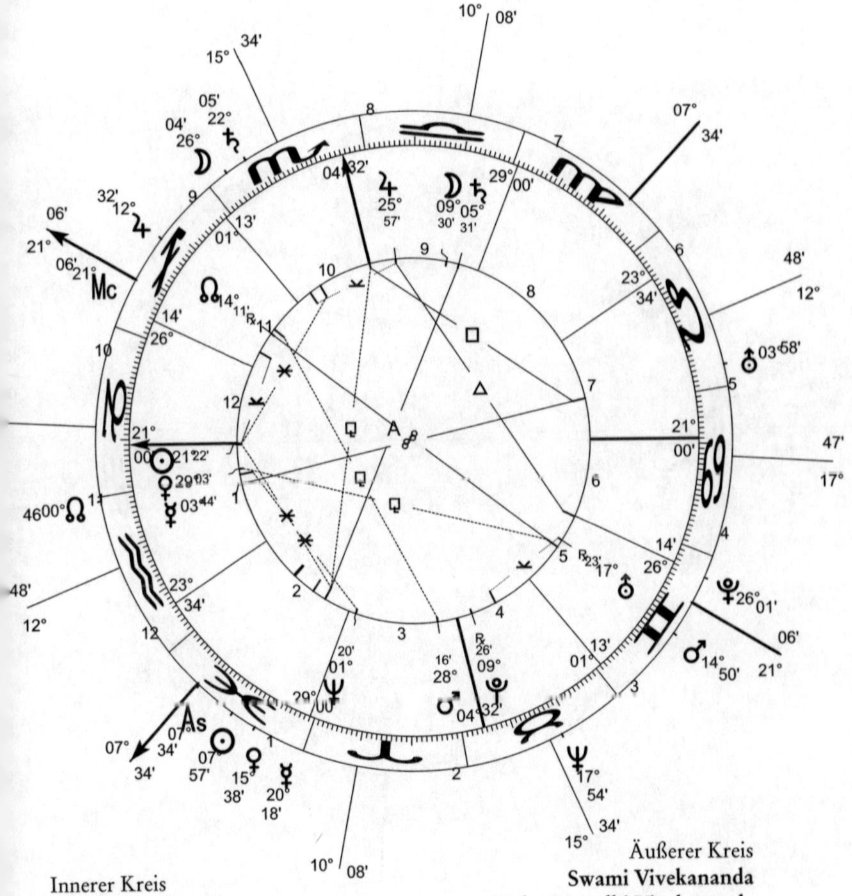

Innerer Kreis
Swami Vivekananda
Radixhoroskop
12. Januar 1863 NS
06:45 LMT -5:53:28
Kalkutta, Indien
22°N32‘ 088°E22‘
Geozentrisch
Tropisch
Alcabitius
Mittlerer Mondknoten

Äußerer Kreis
Swami Vivekananda
Maha Samadhi Vivekananda
Sonnenbogen
4. Januar 1909
16:00 LMT -5:53:28
Kalkutta, Indien
22°N32‘ 088°E22‘
Geozentrisch
Tropisch
Alcabitius
Mittlerer Mondknoten

Abb. 18: Vivekananda mit Sonnenbogen MahaSamadhi

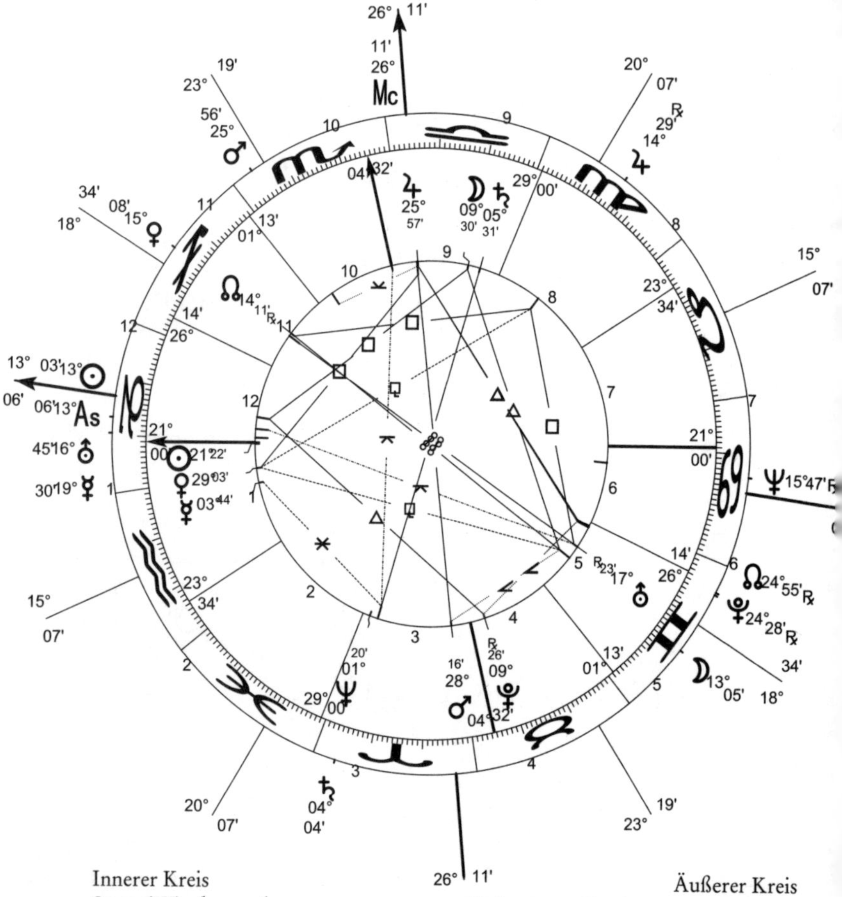

Innerer Kreis
Swami Vivekananda
Radixhoroskop
12. Januar 1863 NS
06:45 LMT -5:53:28
Kalkutta, Indien
22°N32‘ 088°E22‘
Geozentrisch
Tropisch
Alcabitius
Mittlerer Mondknoten

Äußerer Kreis
Maha Samadhi Swami Vivekananda
Ereignishoroskop
4. Januar 1909
06:45 LMT -5:53:20
Kalkutta, Indien
22°N32‘ 088°E22‘
Geozentrisch
Tropisch
Alcabitius
Mittlerer Mondknoten

Abb. 19: Vivekananda + Transit MahaSamadhi

Liebe zur Berufung) und der direktionale Mars ins Trigon zum Merkur, dem Herrscher des 9. Hauses (Wortgewalt im Feld der Philosophie). Für den Abschiedsschmerz und die Tiefe sorgte der dirigierte Pluto in Opposition zum Radix-Mondknoten. Vivekanandas Reisen führten auf dem Weg nach Amerika auch nach Deutschland, wo er in Kiel mit dem namhaften Übersetzer vedischer Schriften, Deussen, philosophierte.

Sein Hinübergehen in die geistige Welt ist außergewöhnlich. Mit nur knapp 46 Jahren, am 04.01.1909, also er ein gutes Jahr, nachdem alle dirigierten Faktoren des Horoskops im Halbquadrat zu den Radixpositionen gestanden hatten, ging er in den «Maha Samadhi» ein. Dieser Begriff wird verwendet, wenn ein Mensch in der Meditation nicht nur die Transzendenz aufsucht, sondern sich in seiner gesamten Existenz nur noch mit dem göttlichen Geist identifiziert, so dass er die Bindung zum Körper aufgibt. Dies soll ein erlösendes, beglückendes Erlebnis sein. Zu dieser Zeit war der Herr von 1, Saturn, ins Sextil dirigiert zu Aszendent und Sonne (Herrscher von 8). Der dirigierte Uranus (Befreiung) lief ins Quadrat zum MC und die dirigierte Venus ins Sextil zum Aszendenten (friedliche Zeiten). Der direktionale Pluto kam ins Trigon zu Jupiter im 9. Haus, was die große spirituelle Kraft im betreffenden Haus und den beglückenden Frieden zeigt. Schließlich rückte auch noch die dirigierte Mars/Jupiter-Opposition auf die Radix-Achse des Mondknotens, unweit vom Radix-Uranus. Der dirigierte Mondknoten dagegen war gerade über die Radix-Venus gerückt, die Nebenherrscher vom 9. Haus ist. Dies alles war also eine Anhäufung von selten glücklichen Konstellationen während der Vereinigung mit der göttlichen Welt nach Jahren des Verzichts auf irdische Genüsse zugunsten eines Lebens als Mönch, Yogi und Guru der vedischen Wissenschaften vom Leben. Zu den auslösenden Transiten gehörten die Aspekte zum Mondknoten, die den Lebensfaden betreffen. Es lief nämlich die Transit-Venus in die Konjunktion zum Mondknoten und der Transit-Jupiter ins Quadrat zum Mondknoten. Zunächst am absteigenden Mondknoten, dann auf dem Radix-Uranus stand der transitierende Mond. Der Transit-Saturn stand in Opposition zum Radix-Saturn und hat in diesem Alter immer etwas von einer Komponente «Es ist zur größten Reife gebracht». (Die Reife bezieht sich auf das bei der Konjunktion 15 Jahre zuvor Begonnene.) Der Transit-Pluto im Trigon zum Radix-Jupiter und die Transit-Sonne im Trigon zum Radix-Pluto bestätigen die große Transformation nochmals.

Die Bundesrepublik Deutschland

Nicht nur Personen, sondern auch Länderschicksale lassen sich in den Sonnenbogen-Direktionen deutlich widerspiegeln. Die wirkliche Uhrzeit der BRD-Gründung war für viele nicht eindeutig klar, da Reinhold Ebertin für die Gründung den 23.05.1949 mit der Zeit 16 Uhr MEZ angab. Dies war mehrfach spekulativ, denn zum einen gab es damals die MESZ, was dann 17 Uhr entsprochen hätte. Zum anderen ergeben die Protokolle einen früheren Beginn der Sitzung und eine Unklarheit über den Zeitpunkt des Beschlusses des Grundgesetzes. Auf Tonbandaufnahmen ist jedoch aufgezeichnet, wie Konrad Adenauer den Beschluss verkündet und das Inkrafttreten auf den «Ablauf des Tages» (um 24 Uhr) festlegt. Und dann ist der 24.05.1949 um 0 Uhr MESZ in Bonn die Geburtsstunde der BRD. Es ist aber bis heute bei dem Brauch geblieben, den Verfassungstag am 23. Mai zu feiern. Interessanterweise steht der Aszendent der BRD auf 5°55' Steinbock und damit sehr eng beim DDR-Aszendenten auf 6°44' Steinbock (Verfassungsbeschluss 08.10.1949, 13:45 Uhr, Berlin, mit sofortiger Wirkung). Dieser Umstand symbolisiert die jahrzehntelang zementierte Grenze zwischen beiden deutschen Staaten, aber «steter Tropfen höhlt den Stein», und die äußeren Planeten tun ihre Arbeit, wie wir an Direktionen und Transiten sehen können.

In dem Moment, als Schabowski 1989 vor laufenden Kameras den Politbüro-Beschluss über die Reisefreiheit verkündete und

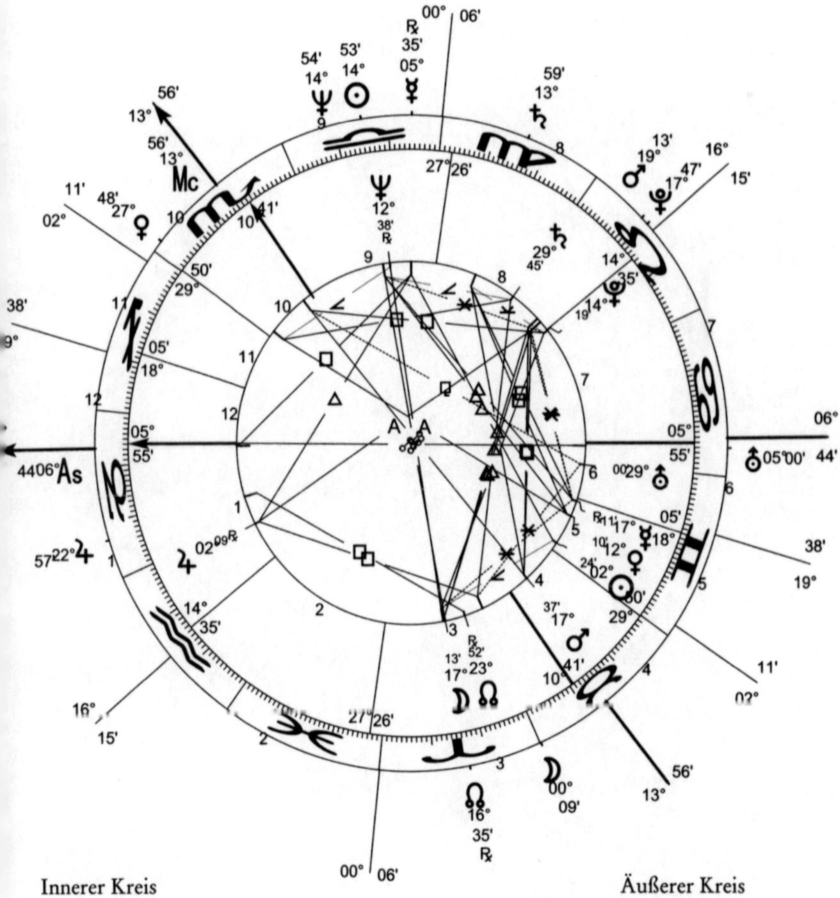

Innerer Kreis	Äußerer Kreis
BRD Inkraft der Verfassung	**DDR Inkraft der Verfassung**
Radixhoroskop	Radixhoroskop
24. Mai 1949	8. Oktober 1949
00:00 CEDT -2:00	13:45 CET -1:00
Bonn, BRD	Berlin (Ost), BRD
50°N44' 007°E05'	52°N32' 013°E25'
Geozentrisch	*Geozentrisch*
Tropisch	*Tropisch*
Alcabitius	*Alcabitius*
Mittlerer Mondknoten	*Mittlerer Mondknoten*

Abb. 20: Radix BRD mit Radix DDR

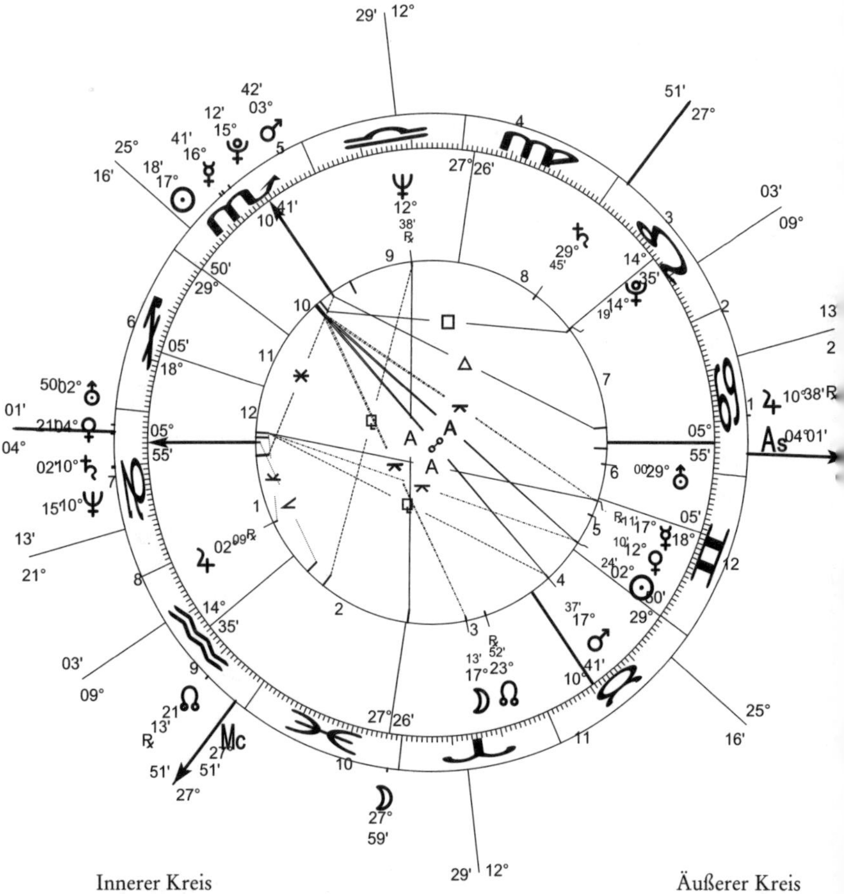

Innerer Kreis
BRD Inkraft der Verfassung
Radixhoroskop
24. Mai 1949
00:00 CEDT -2:00
Bonn, BRD
50°N44‘ 007°E05‘
Geozentrisch
Tropisch
Alcabitius
Mittlerer Mondknoten

Äußerer Kreis
Transit DDR Maueröffnung
Ereignishoroskop
9. November 1989
18:51 CET -1:00
Berlin (Ost), BRD
52°N32‘ 013°E25‘
Geozentrisch
Tropisch
Alcabitius
Mittlerer Mondknoten

Abb. 21: Radix BRD mit Transit Maueröffnung

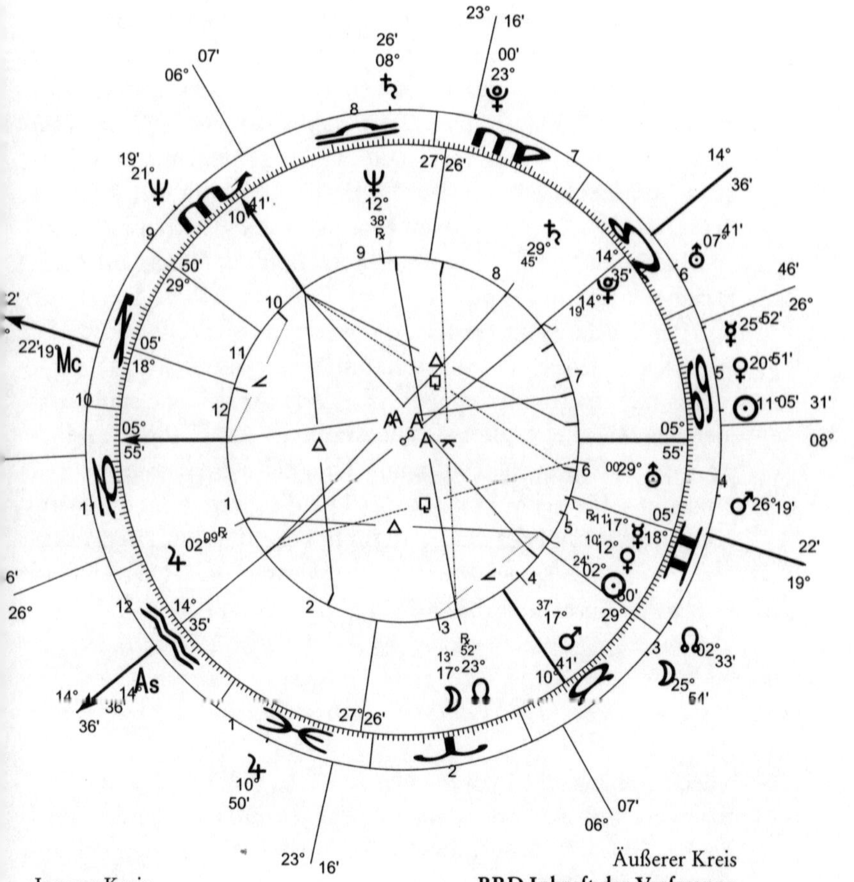

Innerer Kreis
BRD Inkraft der Verfassung
Radixhoroskop
24. Mai 1949
00:00 CEDT -2:00
Bonn, BRD
50°N44‘ 007°E05‘
Geozentrisch
Tropisch
Alcabitius
Mittlerer Mondknoten

Äußerer Kreis
BRD Inkraft der Verfassung
Sonnenbogen DDR Maueröffnung
Sonnenbogen
9. November 1989
18:51 CEDT -2:00
Bonn, BRD
50°N44‘ 007°E05‘
Geozentrisch
Tropisch
Alcabitius
Mittlerer Mondknoten

Abb. 22: Radix BRD mit Sonnenbogen Maueröffnung

auf die Frage der Journalisten «Ab wann?» eigenmächtig antwortete «Ab sofort», begriffen wenige, wie spannend dieser Moment war, denn das Politbüro hatte vergessen, den Zeitpunkt für die Reisefreiheit zu beschließen, und Schabowski verkündete das «Ab sofort» laut, aber eigenmächtig. Das war genau am 09.11.1989 um 18.51 Uhr in Berlin, und der Run auf die Grenze begann. In diesem Moment stand der transitierende Aszendent auf 4°01' Krebs in Opposition zur Venus auf 4°22' Steinbock und in Opposition zum Uranus 2°50' auf Steinbock und damit sehr exakt bei den Aszendenten von DDR und BRD. Alles kam friedlich (Venus) und plötzlich (Uranus).

Der mit dem Sonnenbogen dirigierte Aszendent stand zur gleichen Zeit im Anderthalbquadrat zum Radix-Pluto in Opposition und zum Radix-Uranus. Dies zeigt die revolutionären Umstände für beide Horoskope. Die dirigierte Sonne im Trigon zum MC und der dirigierte Jupiter ebenfalls im Trigon zum MC zeigen die Erweiterung der Bundesrepublik Deutschland durch den Beitritt der DDR an.

Dr. Theodor Landscheidt

Theodor Landscheidt war einer der führenden deutschen Astrologen, was die Forschung über die Grundlagen der Astrologie betrifft. Die Anwendung der Planetenknoten, der Feinaspekte des Goldenen Schnitts, der Sonnenfleckenzyklen, des Bary-Centers des Sonnensystems in der praktischen Astrologie, der Klimaforschung und der Wirtschaftsastrologie sind nur einige Beispiele seiner wertvollen Entdeckungen. Dr. Landscheidt war früher Richter beim Oberlandesgericht in Bremen, astronomischer Forscher am Olbers-Institut und am Schröder-Institut gewesen. Er berechnete die Bahnen der ersten Mondfähren der NASA. Sein Büchlein «Wir sind Kinder des Lichts» handelt von seinem Lieblingsinteresse, der spirituellen Weiterentwicklung. Er wurde von wenigen Astrologen verstanden,

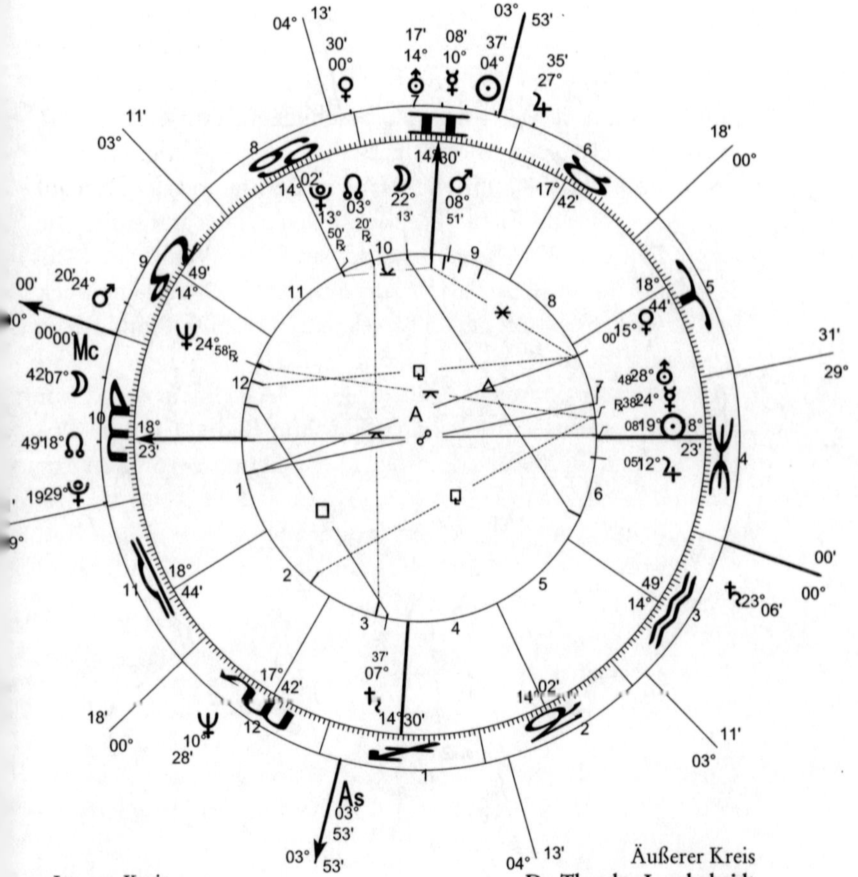

Innerer Kreis
Dr. Theodor Landscheidt
Radixhoroskop
10. März 1927
18:08 CET -1:00
Bremen, BRD
53°N04‘ 008°E49‘
Geozentrisch
Tropisch
Alcabitius
Mittlerer Mondknoten

Äußerer Kreis
Dr. Theodor Landscheidt
Sonnenbogen plötzlicher Tod
Sonnenbogen
19. Mai 2004
01:39 CET -1:00
Bremen, BRD
53°N04‘ 008°E49‘
Geozentrisch
Tropisch
Alcabitius
Mittlerer Mondknoten

Abb. 23: Radix Dr. Landscheidt mit Sonnenbogen Todestag

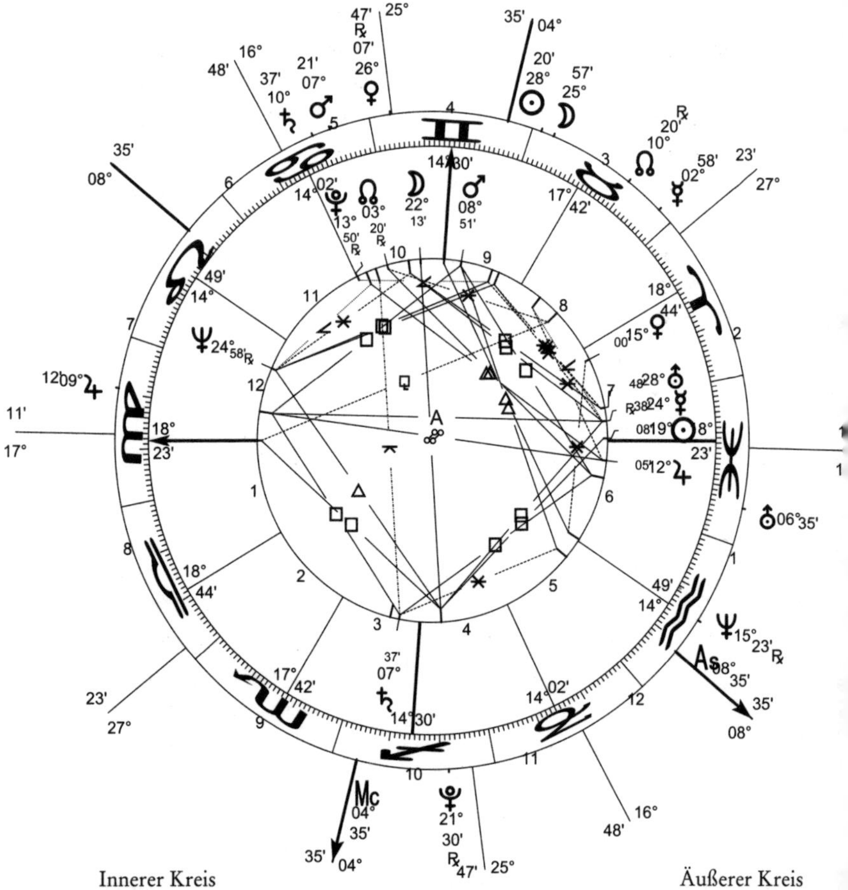

Innerer Kreis
Dr. Theodor Landscheidt
Radixhoroskop
10. März 1927
18:08 CET -1:00
Bremen, BRD
53°N04' 008°E49'
Geozentrisch
Tropisch
Alcabitius
Mittlerer Mondknoten

Äußerer Kreis
Tod Dr. Theodor Landscheidt
Ereignishoroskop
19. Mai 2004
01:39 CEDT -2:00
Augsburg, BRD
48°N23' 010°E53'
Geozentrisch
Tropisch
Alcabitius
Mittlerer Mondknoten

Abb. 24: Radix Dr. Landscheidt und Transit Todestag

denn nicht viele sind wirklich an der Erforschung der funktionierenden Grundlagen der Astrologie interessiert. Dr. Landscheidt musste unfreiwillig seine Forschungsarbeiten abbrechen, als er nach einem bis dahin durchgehend kerngesunden Leben voller Schaffenskraft plötzlich heftig erkrankte, sich im Krankenhaus noch mit einem resistenten Virus infizierte und relativ rasch verstarb.

Einen derart massiven Angriff auf die Gesundheit zu erklären, der alle Widerstandskräfte zerstörte, bedarf äußerst starker, eindeutiger Merkmale der astrologischen Sonnenbogen-Direktionen und der auslösenden Transite.

Der Blick muss dem 8. Haus (Tod) gelten und seinem Herrscher, dem Mars. Und tatsächlich: Der Radix-Herr der Persönlichkeit, Merkur, ist dirigiert auf den Mars gerückt. Die Begegnung mit dem Okkulten, Jenseitigen ist angezeigt. Andererseits ist der direktionale Mars auf den Neptun im 12. Haus (Neptun ist Herr der Sonne) gelangt: eine Schwächung der physischen Energie. Zu allem Überfluss ist der dirigierte Mond ins Quadrat zum Radix-Saturn, dem alten Herrscher des 6. Hauses der Gesundheit, gelaufen, was den Fluss der Körperflüssigkeiten hemmt. Trotz des dirigierten Saturns im Trigon zum Radix-Mond versagten die Nieren. Nun herrscht über die Niere eigentlich die Venus, und die wird zusätzlich vom Pluto im äußerst kritischen Quindecile (165°) angegriffen. Zugleich wirft der direktionale Pluto jetzt die Opposition auf den Uranus, den neuen Herrscher des 6. Hauses. Dann kam auch noch der Mondknoten vorgeschoben auf den Aszendenten, und der Uranus kam in Konjunktion auf das Radix-MC. Und dann noch laufend der transitierende Pluto im 4. Haus im Quadrat zur Radix-Sonne und in Opposition zum Radix-Mond, und dazu der Transit-Saturn über den Radix-Pluto. Aber auch der Transit-Jupiter in Opposition zum Radix-Jupiter. Zu denken gibt, dass die Transite beim Tod insgesamt sieben quintilische Aspekte zum Radix bilden, genauso wie im Geburtshoroskop von Mozart. Nach seinem Tod wurde ein von ihm entdecktes Wetterphänomen über die astrologischen Ursachen von El-Niño-Zyklen nach ihm benannt. Eine kleine Ehrung für einen genial leuchtenden Geist.

Kaiser Augustus

Dieses Horoskop ist eine Besonderheit. Denn aus dieser frühen Zeit sind kaum zuverlässige Geburtsdaten und meist überhaupt keine Geburtszeiten bekannt. Von Kaiser Augustus wissen wir beides, denn er war selbst ein sehr begeisterter Astrologe und ließ im Jahr 11 n. Chr. sein Horoskop öffentlich bekannt machen. Er wurde am 23.09.63 v. Chr. geboren, nach der Überlieferung (Quelle Tony Bonin) «kurz vor Sonnenaufgang». Und das war damals in Rom um ca. 05.35 Uhr Ortszeit und damit etwa 15 Minuten vor dem Sonnenaufgang um 05.50 Uhr. Die Sonne am Aszendenten im Quadrat zum MC und im Trigon zum Mond spricht für sein Charisma und für seine Zielstrebigkeit, was eine Jungfrau-Sonne ohne Achsenkontakt nicht so leicht aufzuweisen hätte. Merkur und Jupiter, beide erhöht und im Sextil zueinander, sprechen für seine große Bildung und Redegewandtheit. Sie stehen beide in einem harmonischen Aspekt zur Venus. Somit ist der Herrscher des Aszendenten und auch der Sonne besonders gut bestrahlt. Augustus entwickelte im späteren Leben großes Interesse für die Förderung von Kunst und Kultur (elf quintilische Aspekte). Zunächst jedoch musste er heftige Machtkämpfe durchstehen bis zur Reichseinigung 31 v. Chr. (dies nach dem Sieg gegen Antonius und Kleopatra in Aktium). Der Titel Caesar (Kaiser) wurde ihm 27 v. Chr. zuteil, und er starb am 10.08.14 n. Chr. Der Merkur steht auch in den essenziellen Würden als stärkster Planet: Augustus brillierte durch einen klaren Geist. Der Jupiter steht ebenfalls in der Erhöhung und ist wie Merkur zweifacher Achsenherrscher. Der Mars steht in den akzidentellen Würden in seinem Glanz und somit besonders stark. Die Mars/Saturn-Konjunktion im Sextil

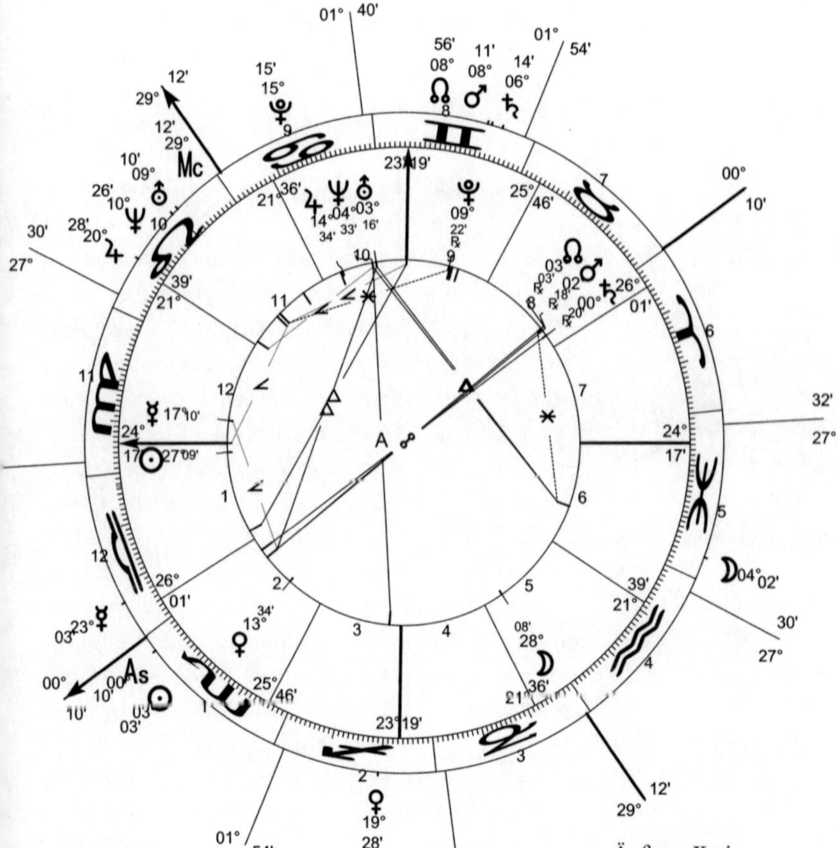

Innerer Kreis
Kaiser Augustus
Radixhoroskop
23. September 0063 BC
05:35 LMT -0:49:56
Rom, Italien
41°N54‘ 012°E29‘
Geozentrisch
Tropisch
Alcabitius
Mittlerer Mondknoten

Äußerer Kreis
Kaiser Augustus
Sonnenbogen Krönung
Sonnenbogen
19. Mai 0027 BC
01:39 LMT -0:49:56
Rom, Italien
41°N54‘ 012°E29‘
Geozentrisch
Tropisch
Alcabitius
Mittlerer Mondknoten

Abb. 25: Radix Augustus mit Sonnenbogen Krönung

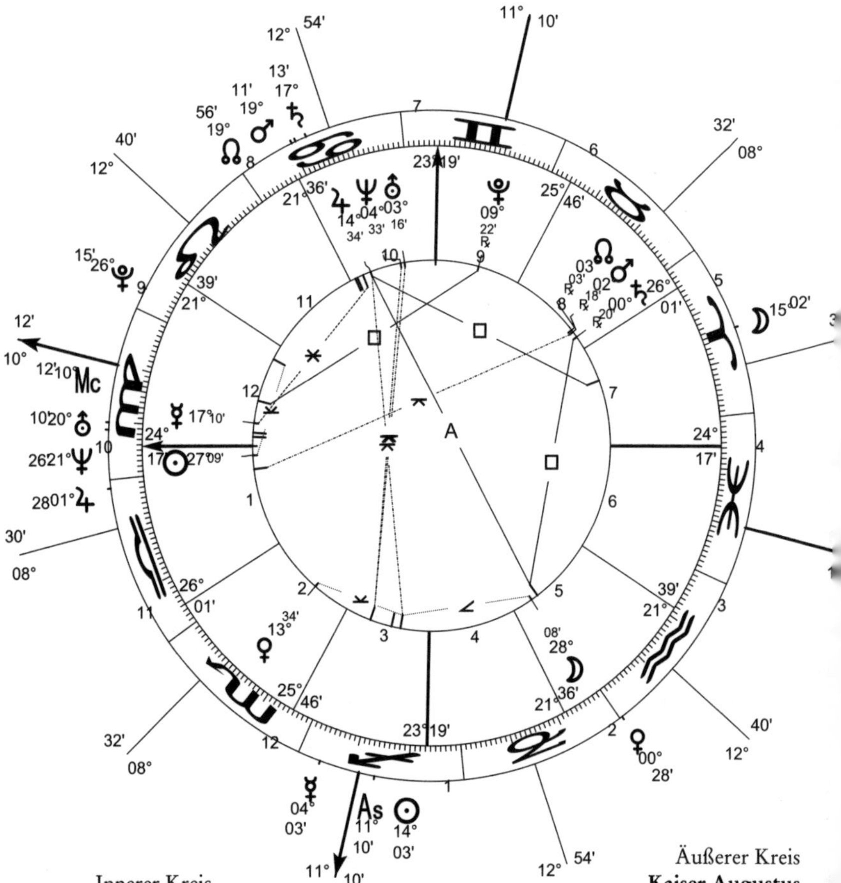

Innerer Kreis
Kaiser Augustus
Radixhoroskop
23. September 0063 BC
05:35 LMT -0:49:56
Rom, Italien
41°N54‘ 012°E29‘
Geozentrisch
Tropisch
Alcabitius
Mittlerer Mondknoten

Äußerer Kreis
Kaiser Augustus
Sonnenbogen Tod
Sonnenbogen
10. August 0014
05:35 LMT -0:49:56
Rom, Italien
41°N54‘ 012°E29‘
Geozentrisch
Tropisch
Alcabitius
Mittlerer Mondknoten

Abb. 26: Radix Augustus mit Sonnenbogen Todestag

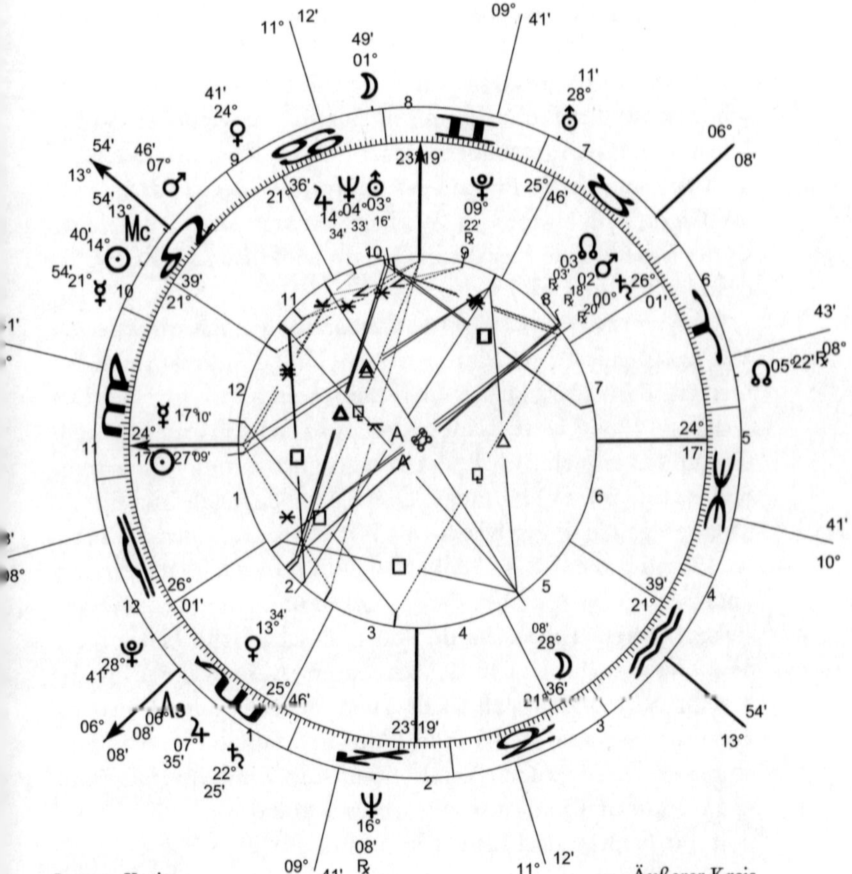

Innerer Kreis
Kaiser Augustus
Radixhoroskop
23. September 0063 BC
05:35 LMT -0:49:56
Rom, Italien
41°N54‘ 012°E29‘
Geozentrisch
Tropisch
Alcabitius
Mittlerer Mondknoten

Äußerer Kreis
Tod Kaiser Augustus
Ereignishoroskop
10. August 0014
12:00 LMT -0:49:56
Rom, Italien
41°N54‘ 012°E29‘
Geozentrisch
Tropisch
Alcabitius
Mittlerer Mondknoten

Abb. 27: Radix Augustus mit Transit Todestag

zum Uranus machen Augustus zu einem klug planenden Strategen.

Bei der Kaiserkrönung war der Sonnenbogen-Pluto vorgeschoben auf den Radix-Jupiter im Sextil zum wichtigen Radix-Merkur. Die vorgeschobene Mars/Saturn-Konjunktion stand jetzt auf dem Radix-Pluto. Und Sonne und Mond waren beide ins Trigon zum Uranus im 10. Haus getreten. Das i-Tüpfelchen ist der direktionale Merkur im Trigon zum MC zum Zeitpunkt des Machthöhepunktes.

Als Augustus am 10.08.14 n. Chr. starb, war das direktionale MC ins Quadrat zum Pluto getreten. Und der direktionale Saturn stand im Sextil zu seinem dominanten Radix-Merkur. Der dirigierte Mond hatte das Quadrat zum ebenfalls stark gestellten Jupiter erreicht. Im Radix von Augustus finden sich keine Halbsextile oder Quinkunxe. Diese Aspekte, auch Inkonjunkt genannt, galten in der Klassik als Nichtaspekte. Auch die Häuser 12 und 2, die sich im Halbsextil zum Aszendenten befinden, und die Häuser 6 und 8, die im Quinkunx zum Aszendenten stehen, galten damals als dunkle und schädliche Häuser, die dem Geborenen nicht förderlich waren. Ausgerechnet im Todesjahr aber bilden sich sechs dieser Krisen- oder Entscheidungsaspekte zum Radix zum Pluto im Halbsextil zur Sonne, Sonne im Halbsextil zur Venus, Sonne im Quinkunx zum Jupiter, Merkur im Quinkunx zum Uranus und dieser in Konjunktion mit Neptun und Jupiter im Quinkunx zum Mars. Auslösende Transite waren unter anderem der Mars im Quadrat zur Venus (die Venus ist der Dispositor von Mars, der Herrscher des 8. Hauses ist und auch dort steht). Dazu standen Mars im kritischen 165°-Winkel zum Mond und der Transit-Pluto im Quadrat zum Radix-Mond. Das gilt natürlich nur, falls der erst 1930 entdeckte Pluto sich bereits zu Augustus' Zeiten auf seiner heutigen Bahn befand.

Christina: Mutter von drei Töchtern

Die Horoskopeignerin wurde am 15.7.1956 um 01:15 Uhr in Hamburg geboren. Bei einem nur oberflächlichen Blick eines Astrologen bekam Christina auch schon einmal ein «Oh Gott, wie kompliziert! Wie kann man damit leben?» zu hören, wobei die Klientin fast zu Tode erschrak. Ein Sonne/Mond-Quadrat und ein Venus/Mars-Quadrat sind eben nur selten beliebt. Hier ist es besonders wichtig herauszufinden, wie die Klientin ihre Planeten lebt und was sie leistet, um aus den Herausforderungen erfüllende Qualitäten zu machen. Sie hat mit sich steigernder Zähigkeit und Ausdauer den Krisen mutig ins Auge geblickt und diese gemeistert (der Aszendent steht auf der optimistischen Abenteuer-Achse Zwillinge-Schütze). Der mit Prognosemethoden arbeitende Astrologe sieht aber, dass die oben genannten drei Hauptspannungen allesamt separierende Aspekte sind, d.h. schon vor der Geburt exakt waren, und sich somit ihre Wirkung abschwächt. Christina bewältigte so manche lebensgefährliche Situation, darunter einige stürmische Atlantiküberquerungen im Segelschiff. Ihr Schutzengel hat oft noch viele Helfer nötig. Trotz ihres Sonne/Mond-Quadrates und ihres Venus/Mars-Quadrates hat sie keine Partnerschaft leichtfertig weggeworfen, sondern immer versucht, darin Erfüllung zu finden, und an der Überwindung der auftretenden Probleme gearbeitet. Das Sonne/Mond-Quadrat weist oft auf geschiedene Eltern als unbewusstes Partnerschaftsvorbild hin. Im Fall von Christinas Eltern handelte es sich um eine Zweckgemeinschaft und keine Liebesehe.

Hilfreich ist auch, dass die Spannungsaspekte durch harmonische Aspekte ausgeglichen werden, die dabei helfen, die Entwicklungsleistung zu erbringen, um aus Barrieren Stärken zu machen. Das Sonne/Saturn-Trigon macht ausdauernd, und das Mond/Pluto-Sextil gibt die notwendige seelische Stärke und den Tiefgang, um die Rolle der schützenden Mutter zu erleben und selbst zu leben. Venus im Trigon zu Mond/Neptun und das

Sextil zu Pluto lösen das Quadrat zu Mars aus. Sie stärken ihre Empfindsamkeit und intensivieren das harmonische Sexualleben. Die eben genannten Auslösungen helfen auch bei der Überwindung des schwierigsten aller Aspekte, dem Saturn/Pluto-Quadrat, dessen Gewaltpotenzial Christina schon früh passiv erfahren hatte. Sie wurde aber nie Opfer. Mit der Anzahl der Kinder wich zunehmend die tiefsitzende unerklärbare Angst vor Krankheiten (Neptun auf Spitze 6. Haus und Saturn in 6). Die Rolle als liebende Mutter verlangte von ihr, Verantwortung zu übernehmen für das leibliche und seelische Wohl der Kinder, was ebenso eine positive Aufarbeitung des Saturn/Pluto-Quadrats (Verantwortung (SA) für Fremdbesitz und Seele (PL) erarbeitet (Qua). Und nicht zuletzt ist Christina eine Krebsgeborene. Sehr häufig werden diese durch die Mutterrolle vom Kind zur Frau. Mit dem Uranus am IC hatte sie mit ihren ersten Partnern versucht, ihren Kinderwunsch zu erfüllen. Erst als der (astrologisch) passende Partner auftauchte, genügte ein kurzer «Blick», um schwanger zu werden und eine beständige Partnerschaft aufzubauen. Im Vergleich der beiden Horoskope werden alle gespannten Planeten durch harmonische Aspekte von den Partnerplaneten gestärkt. Also wird die schwere Lebensarbeit belohnt, dadurch, dass man gemeinsam genießen kann. Heute betreibt sie mit ihrem Mann ein Geschäft und muss sich vor einer Tendenz zum Workaholic und Askese hüten.

Geburt der ersten Tochter am 28.08.1985: Das sehnlichst erwünschte erste Kind kam zur Welt, als der Herrscher des 1. Hauses und des 5. Hauses (Kinder), Merkur, vom direktionalen Mars aspektiert wurde. Bei der Zeugung war das vorgeschobene MC in Opposition zum Radix-Jupiter im 4. Haus gewesen (Vermehrung der Familie). Die Radix-Sonne empfing ein Trigon des direktionalen Mondes, und tatsächlich heiratete sie auch zu diesem Zeitpunkt. Die vorgeschobene Venus lief während der Schwangerschaft durch ein Trigon zum Mars. Alles geschah nach einer kurzen Kennenlernphase.

Auslösende Transite (Abb.29) waren zur Zeit der Geburt der

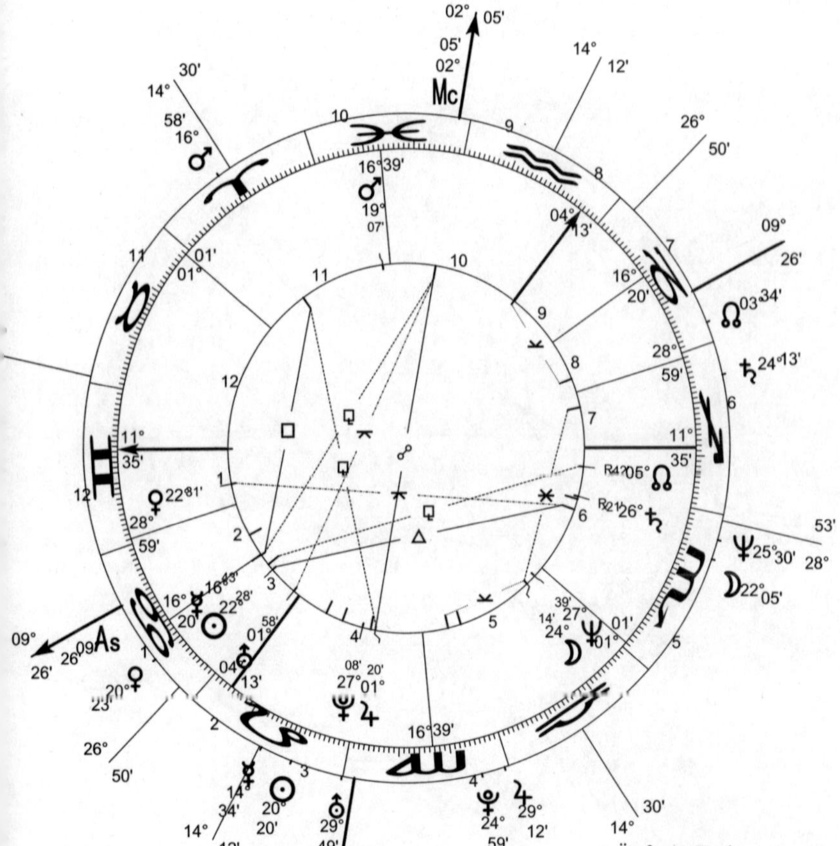

Innerer Kreis
Christina
Radixhoroskop
15. Juli 1956
01:15 CET -1:00
Hamburg, BRD
53°N33‘ 009°E59‘
Geozentrisch
Tropisch
Alcabitius
Mittlerer Mondknoten

Äußerer Kreis
Christina
Sonnenbogen Geburt Tochter 1
Sonnenbogen
28. August 1985
23:59 CET -1:00
Hamburg, BRD
53°N33‘ 009°E59‘
Geozentrisch
Tropisch
Alcabitius
Mittlerer Mondknoten

Abb. 28: Radix Christina / Sonnenbogen Geburt der ersten Tochter

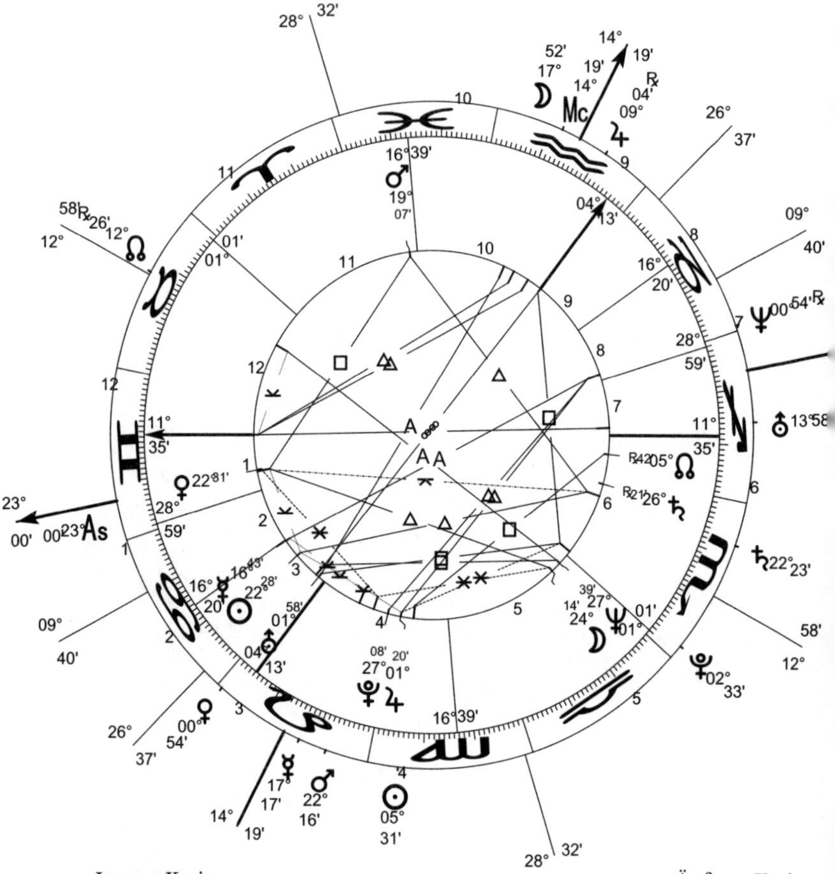

Innerer Kreis
Christina
Radixhoroskop
15. Juli 1956
01:15 CET -1:00
Hamburg, BRD
53°N33‘ 009°E59‘
Geozentrisch
Tropisch
Alcabitius
Mittlerer Mondknoten

Äußerer Kreis
Tochter 1
Radixhoroskop
28. August 1985
23:59 CET -2:00
Hamburg, BRD
53°N33‘ 009°E59‘
Geozentrisch
Tropisch
Alcabitius
Mittlerer Mondknoten

Abb. 29: Radix Christina / Transit Geburt der ersten Tochter ersten Tochter: Der Jupiter auf 9° Wassermann bildete eine Konjunktion mit dem Radix-MC. Während der Schwangerschaft gab es berufliche sowie familiäre Veränderungen. Saturn bildete von 22° Skorpion aus ein Trigon zur Radix-Sonne, der Herrscherin des 4. Hauses, und ein Quinkunx zur Venus (Dispositor des Mondes) im 1. Haus. Christina heiratete, nachdem sie sich vom vorherigen Partner scheiden lassen hatte. Der Uranus im Transit auf 14° Schütze bildete eine befreiende Opposition zum Aszendenten, und noch während der Schwangerschaft ließ sie sich vom ersten Ehemann scheiden. Der Neptun, der sich im Transit auf 1° Steinbock befindet, bildete ein Trigon zum Jupiter im 4. Haus. Das bedeutet: Es werden neue Ziele und Ideale anvisiert. Der Pluto auf 3° Skorpion bildete ein Trigon zum Radix-Jupiter und ein Quadrat zum Radix-Uranus und brachte eine vollständige Lebensumstellung, eine Neuorientierung der Werte mit sich. Der progressive Mond durchläuft den Skorpion und befindet sich während der Geburt der ersten Tochter im progressiven Horoskop auf 17°36'.

Geburt der zweiten Tochter am 28.02.89: Hier bildete der transitierende Jupiter von 29° Stier aus ein Quadrat zum Radix-Pluto im 4. Haus und ein Quinkunx zum Neptun im 5. Radix-Haus. Diese Aspekte liefen während der Schwangerschaft. Der Saturn im Transit von 12° Steinbock aus machte ein Quinkunx zum Aszendenten. Diese beiden Aspekte zeigen die Depression und die seelisch schwierige Situation während der Schwangerschaft an. Der laufende Uranus auf 5° Steinbock machte eine Konjunktion zu der Halbsumme Mondknoten/MC. Das hat natürlich eine Veränderung der Familienstruktur und der beruflichen Situation zur Folge. Der laufende Neptun auf 12° Steinbock auf machte ein Quinkunx zum Aszendenten. Und der Pluto von 15° Skorpion aus bildete ein Trigon zum Radix-Merkur, Herrscher des 5. Hauses. Tatsächlich verlief die Schwangerschaft ohne physische Komplikationen, jedoch war die seelische Situation bis zur Geburt des Kindes sehr schwierig. Der progressive Mond auf 25°32' Schütze aus machte ein

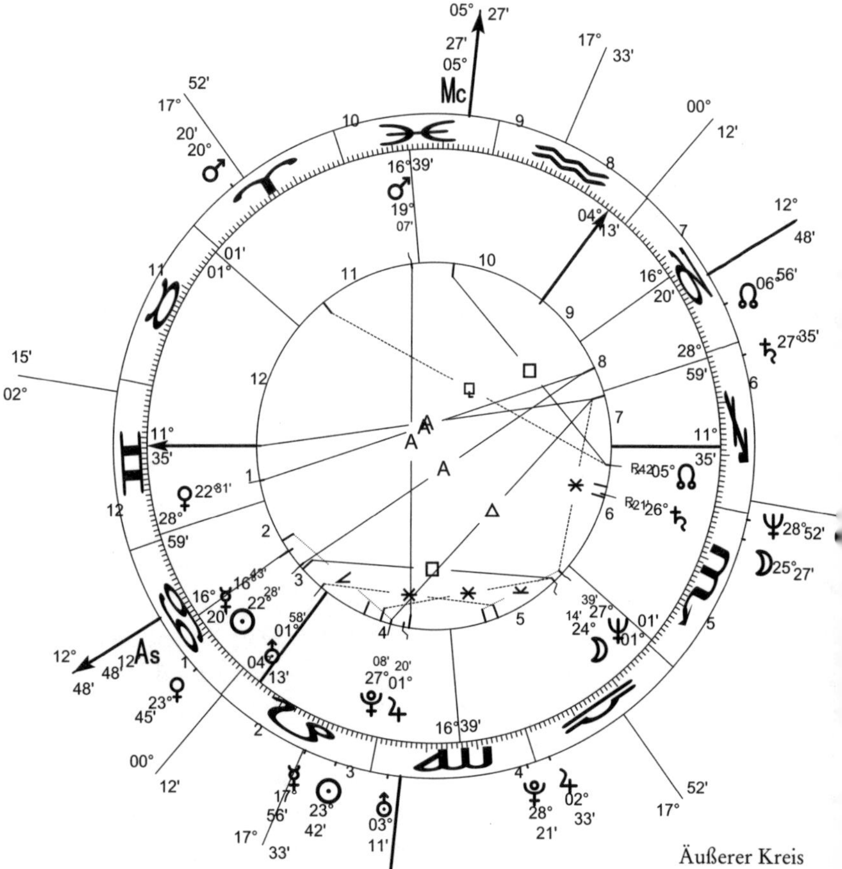

Innerer Kreis
Christina
Radixhoroskop
15. Juli 1956
01:15 CET -1:00
Hamburg, BRD
53°N33‘ 009°E59‘
Geozentrisch
Tropisch
Alcabitius
Mittlerer Mondknoten

Äußerer Kreis
Christina
Sonnenbogen Geburt Tochter 2
Sonnenbogen
28. Februar 1989
15:00 CET -1:00
Hamburg, BRD
53°N33‘ 009°E59‘
Geozentrisch
Tropisch
Alcabitius
Mittlerer Mondknoten

Abb. 30: Radix Christina, Sonnenbogen Geburt der zweiten Tochter

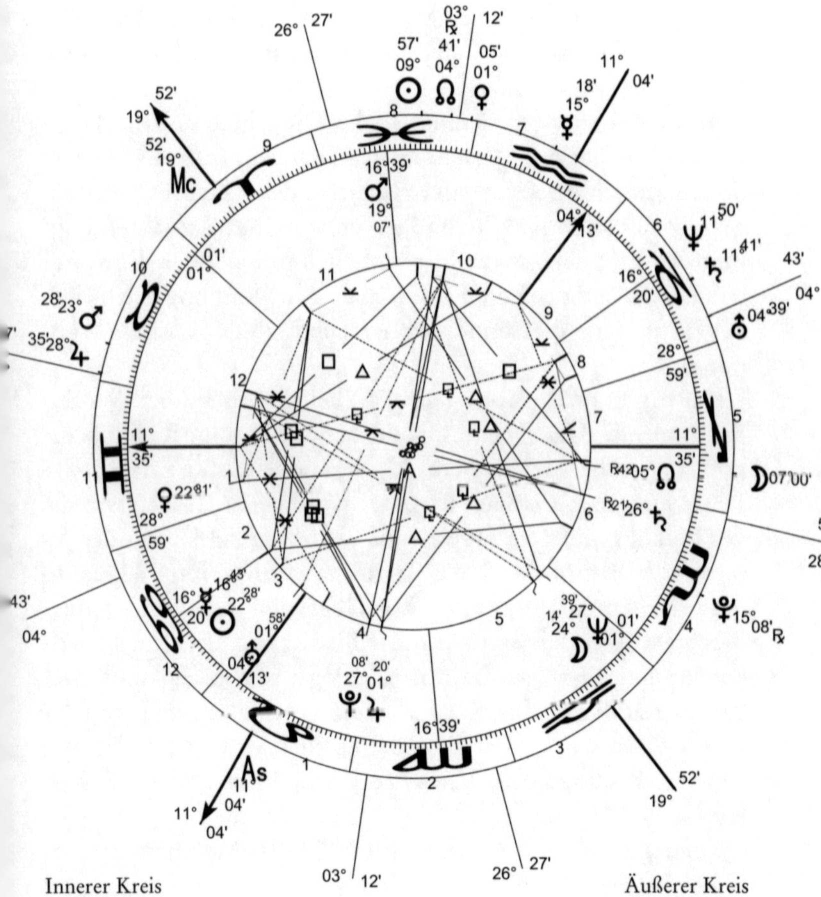

Innerer Kreis
Christina
Radixhoroskop
15. Juli 1956
01:15 CET -1:00
Hamburg, BRD
53°N33‘ 009°E59‘
Geozentrisch
Tropisch
Alcabitius
Mittlerer Mondknoten

Äußerer Kreis
Tochter 2
Radixhoroskop
28. Februar 1989
15:00 CET -1:00
Hamburg, BRD
53°N33‘ 009°E59‘
Geozentrisch
Tropisch
Alcabitius
Mittlerer Mondknoten

Abb. 31: Radix Christina, Transite Geburt der zweiten Tochter

Quadrat zum progressiven Mars. 7 ½° später bildete er ein Trigon zu Jupiter, der im Radix im 4. Haus steht und die Vergrößerung der Familie anzeigt.

Bei der Geburt der zweiten Tochter beteiligte sich der Herrscher des 5. Hauses, Merkur, nicht an den Sonnenbogen-Direktionen, jedoch aspektierte der Herrscher des 4. Hauses (Schwangerschaft) die Sonne, die Radix-Venus im Sextil, während zur Zeit der Empfängnis die Sonnenbogen-Venus über die Sonne lief. Gleichzeitig zog die Familie aus einer Wohnung in ein eigenes Haus, denn die Sonne ist Herrscherin des 4. Hauses (Wohnung).

Der direktionale Mond (Abb.30) lief nun auch über den Radix-Saturn in Haus 4 (im Quadrat zum Pluto im Radixhoroskop, Herrscher des 6. Hauses, Gesundheit). Eine depressive Phase ging damit einher, begleitet von langen Geschäftsreisen des Mannes und Todesängsten. Gleichzeitig lief jedoch der direktionale Saturn durch das Trigon zum Pluto im 4. Haus, so dass die ganze Familie an der Überwindung dieser mitgebrachten, unerklärbaren Angst teilhatte. Das direktionale Trigon zeigte Auswege, die normalerweise verborgen sind. Der Saturn-Radix war von 26°22' Skorpion rückläufig, während der Radix-Pluto von 27°08' Löwe direkt lief, so dass eine Steigerung des Konfliktes zwischen Saturn und Pluto nicht zu erwarten war.

Geburt der dritten Tochter am 14.06.1993: Auffallend ist hier (Abb. 32) der direktionale Aszendent in Konjunktion mit dem Radix-Merkur, Herrscher des 5. Hauses (Kinder). Die vorgeschobene Venus, Dispositor des Mondes, machte ein Quadrat zum Neptun, und eine neue Verliebtheit zog in die Ehe ein. Der direktionale Mars rückte in die Opposition zum Radix-Mond im 5. Haus (Zeugung und Schwangerschaft). Und der direktionale Merkur machte ein Sextil zur Radix-Venus. Bei allen drei Geburten war das Thema in der Direktion deutlich angezeigt.

Der transitierende Jupiter (Abb. 33) lief durch 5° Waage und bildete dabei ein Trigon zum MC und damit ein Sextil zum 4.

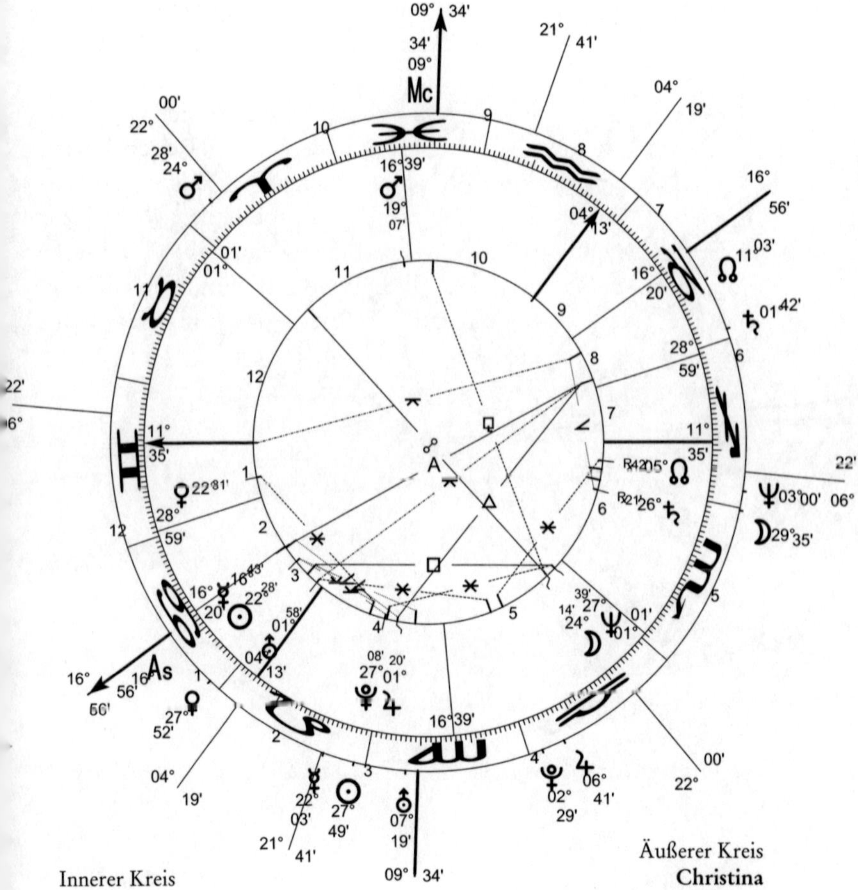

Innerer Kreis
Christina
Radixhoroskop
15. Juli 1956
01:15 CET -1:00
Hamburg, BRD
53°N33‘ 009°E59‘
Geozentrisch
Tropisch
Alcabitius
Mittlerer Mondknoten

Äußerer Kreis
Christina
Sonnenbogen Geburt Tochter 3
Sonnenbogen
14. Juni 1993
04:00 CET -1:00
Hamburg, BRD
53°N33‘ 009°E59‘
Geozentrisch
Tropisch
Alcabitius
Mittlerer Mondknoten

Abb. 32: Radix Christina, Sonnenbogen Geburt der dritten Tochter

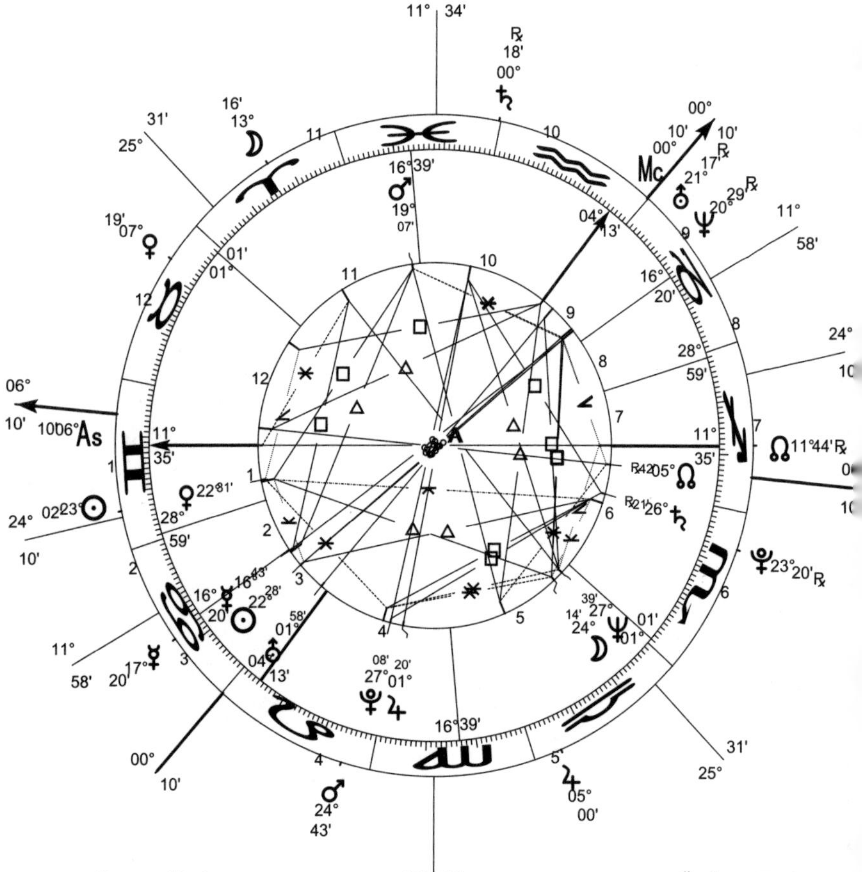

Innerer Kreis
Christina
Radixhoroskop
15. Juli 1956
01:15 CET -1:00
Hamburg, BRD
53°N33‘ 009°E59‘
Geozentrisch
Tropisch
Alcabitius
Mittlerer Mondknoten

Äußerer Kreis
Tochter 3
Radixhoroskop
14. Juni 1993
04:00 CEDT -2:00
Hamburg, BRD
53°N33‘ 009°E59‘
Geozentrisch
Tropisch
Alcabitius
Mittlerer Mondknoten

Abb. 33: Radix Christina, Transit Geburt der dritten Tochter

Haus (Schwangerschaft), in dem sich auch der Radix-Jupiter befindet. Der Saturn bildete von 0° Fische aus eine Opposition zum Jupiter im 4. Haus. Der Uranus auf 21° Steinbock machte eine Opposition zur Sonne, der Herrscherin des 4. Hauses, und ein Quinkunx zur Venus, die sich im 1. Haus befindet. Der Neptun machte zur Zeit der Geburt des dritten Kindes von 20° Steinbock aus eine Opposition zur Sonne und ein Quinkunx zur Venus. Der Pluto von 23° Skorpion aus machte ein Trigon zur Sonne. Die Mutter befand sich zur Zeit der Geburt dieses dritten Kindes in einer sehr guten seelischen Verfassung, und das Kind war der Sonnenschein der Familie, worunter die älteren Schwestern etwas litten. Der progressive Mond von 21° Wassermann aus bildete ein Trigon zur Venus und ein Quinkunx zur Sonne. Ein anderes Ereignis im Leben von Christina sorgte für eine ziemlich aufrührende Zeit. Und dieses geschah, als die Mutter, also die Großmutter ihrer Töchter, verstarb. Der direktionale Aszendent machte ein Quadrat zum Radix-Mond, das zeigt die Trennung von der Mutter an. Die direktionale Venus machte eine Opposition zum MC und lief damit in das 4. Haus hinein. Dieses Haus steht in der klassischen Astrologie auch für das Grab. Die Venus ist praktisch in das 4. Haus gegangen, und überdies war die Mutter Waage, so dass das Thema sich also voll widerspiegelt. Nicht immer ist eine Venus, die ins 4. Haus geht, nur von Freude begleitet. Gleichzeitig lief der direktionale Mars ins Quadrat zum Uranus, was allgemein für plötzliche Veränderungen steht. Natürlich gab es viel Aufregung mit dem Erbe und mit dem Ausräumen des Hauses usw. Ebenso sieht man, dass die direktionale Sonne sich zur selben Zeit im Quadrat zum Mondknoten befand, was die Krise, in der Christinas Ehe zu dieser Zeit steckte, anzeigt. Gleichzeitig lief der direktionale Neptun über die Opposition zum Aszendenten, und es gab eine Phase der Entfremdung und Verwirrung in der Ehe.

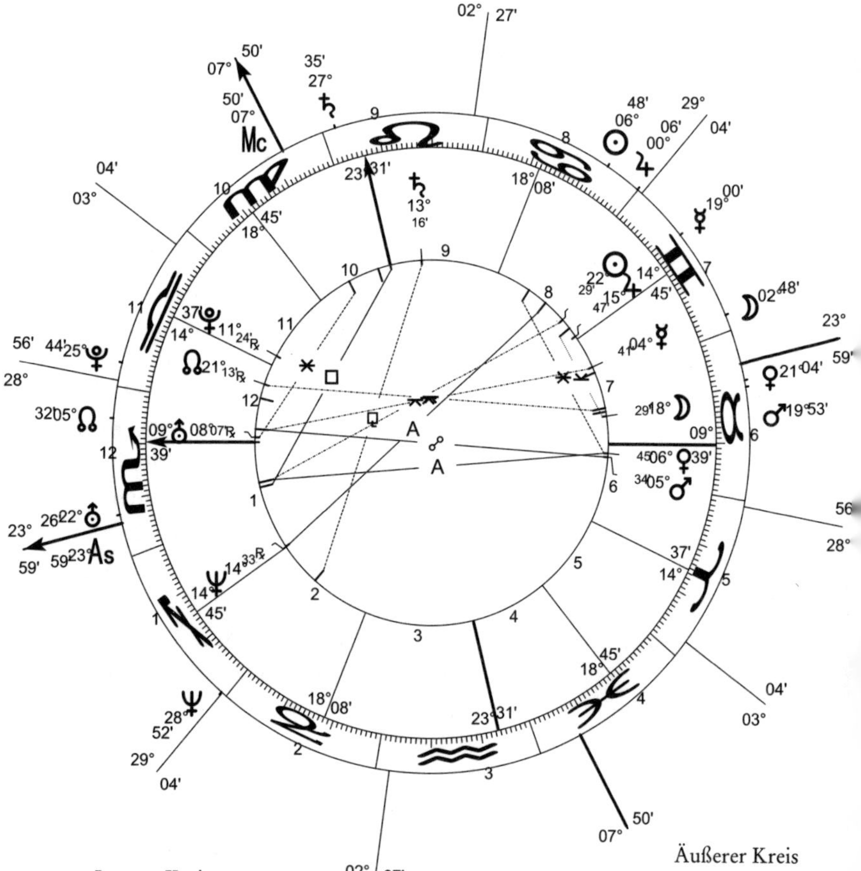

Innerer Kreis
Anna
Radixhoroskop
13. Juni 1977
16:25 CET -1:00
Schwarzenberg, BRD
50°N32‘ 012°E47‘
Geozentrisch
Tropisch
Alcabitius
Mittlerer Mondknoten

Äußerer Kreis
Anna
Sonnenbogen Alter 15 Jahre
Sonnenbogen
13. Juni 1992
16:25 CET -1:00
Schwarzenberg, BRD
50°N32‘ 012°E47‘
Geozentrisch
Tropisch
Alcabitius
Mittlerer Mondknoten

Abb. 34: Radix Anna mit Sonnenbogen Alter 15 Jahre

Anna

Die Klientin erzählte mir, wie vor einer Beratung üblich, einige wichtige Ereignisse ihres Lebens. Wie bereits beschrieben, überprüfe ich die Geburtszeit hauptsächlich mithilfe der Achsenherrscher in der Sonnenbogen-Direktion. Da 1° Orbis benutzt wird, genügt oft das Jahr der Ereignisse. Annas Leben wurde im Alter von 15 Jahren, in dem sich die partnerschaftliche Orientierung heranbildet, schmerzhaft betroffen, denn der Mann, auf den sie sich bisher verlassen hatte, der Vater, verstarb. Dieses Ereignis betraf das Bedürfnis ihres Skorpion-Aszendenten nach emotionaler Sicherheit und Geborgenheit. Der Aszendent aber steht im Radix in Konjunktion mit dem Herrscher des 4. Hauses (der Vater), dem Uranus. Dieser sprengt Grenzen zur Bewahrung der Freiheit und das oft auf Kosten der Geborgenheit. Diesen Gegensatz zu überbrücken ist oft schwer und noch schwerer in der Pubertät, wo die Hormone oft die Richtung bestimmen. Besonders wenn dann ein «Ankerplatz» verloren geht und die Eigenverantwortung zwangsläufig größer werden muss, und das bei einer so starken Du-Ausrichtung der Planeten wie von Anna. Wie so oft löst der Uranus voreilig aus, schon beim Eintritt in den Orb. So wie hier der direktionale Uranus eine Konjunktion zum Aszendenten und ein Quadrat zum MC bildete und somit natürlich gleichzeitig auch ein Quadrat zum IC, wo wir im Horoskop den Vater finden. Gleichzeitig kam der Uranus ins Quinkunx zur Radix-Sonne im 8. Haus. Eine durchschlagende Revolutionierung der Familienstruktur war zu erwarten. Der direktionale Mondknoten kam auf die Opposition zum Mars, Herrscher des 6. Hauses (Abschied von einem Mann wegen Krankheit) und ins Quinkunx zum Merkur, Herrscher des 8. Hauses (Tod).

Das direktionale MC kam ins Sextil zum Radix-Uranus. Das betrifft beide Elternteile, da das MC ja nur einen Punkt auf der Achse darstellt. Der alte Herrscher des 4. Hauses, Saturn, wurde jetzt auch noch durch ein Anderthalbquadrat von Neptun aspektiert. Ein genaues Datum liegt nicht vor, so dass wir nur die Transite der Langsamläufer einigermaßen kennen. Als Auslöser der Ereignisstruktur kamen Neptun und Uranus ins Trigon zum Mond. Exakter aber noch stand der Saturn im Quadrat zum Mond, und dabei stand der Saturn in der Nähe des 4. Hauses (der Vater).

Schon bald nach dem Tod des Vaters konnte Anna durch große sportliche Erfolge ihre wiedergewonnene Stärke in den Jahren 1994 und 1995 beweisen. Zugleich lernte sie einen wichtigen Partner kennen. Die äußere Stärke aber ging einher mit inneren Verlustängsten, denn das Radix-Thema, der Aszendent Skorpion in Konjunktion zum Uranus, wurde reaktiviert. Die vorgeschobene Sonne rückte in das Trigon zum Uranus am Aszendenten und der direktionale Mondknoten in Konjunktion zum Uranus. Der direktionale Uranus in Konjunktion zum direktionalen Aszendenten lief ins Quadrat zum MC und das direktionale MC ins Sextil zur Konjunktion Uranus-Aszendent im Radixhoroskop. Das zeigt oft eine Zeit voller Begegnungen mit der eigenen Bestimmung und von klaren Lebenszielen an. Der direktionale Mondknoten stand nun aber auch in der Opposition zur Radix-Venus, die sich in einer Konjunktion mit Mars befindet und Herrscher des 7. Hauses ist (Beginn der Partnerschaft). Da der Uranus als Herrscher des 4. Hauses beteiligt ist, kann man fragen, ob der Verlust des Vaters in dieser Beziehung eine Rolle spielte.

Für die Exaktheit der Geburtszeit von Anna spricht unter anderem, dass bei der Geburt ihrer Tochter Ende 2002 (Abb. 35) der direktionale Jupiter als Herrscher vom 5. Haus (Kinder) im Trigon zum Aszendenten stand, Letzterer jetzt aber in Opposition zum Radix-Merkur. Anna hatte begonnen, ein Buch zu schreiben. Das direktionale MC stand jetzt im Trigon zum Radix-Mond (Mutter) und der direktionale Mond im Sextil zum Saturn, dem Herrscher des 4. Hauses (Schwangerschaft), der direktionale Saturn im Sextil zum Radix-Uranus und im Trigon

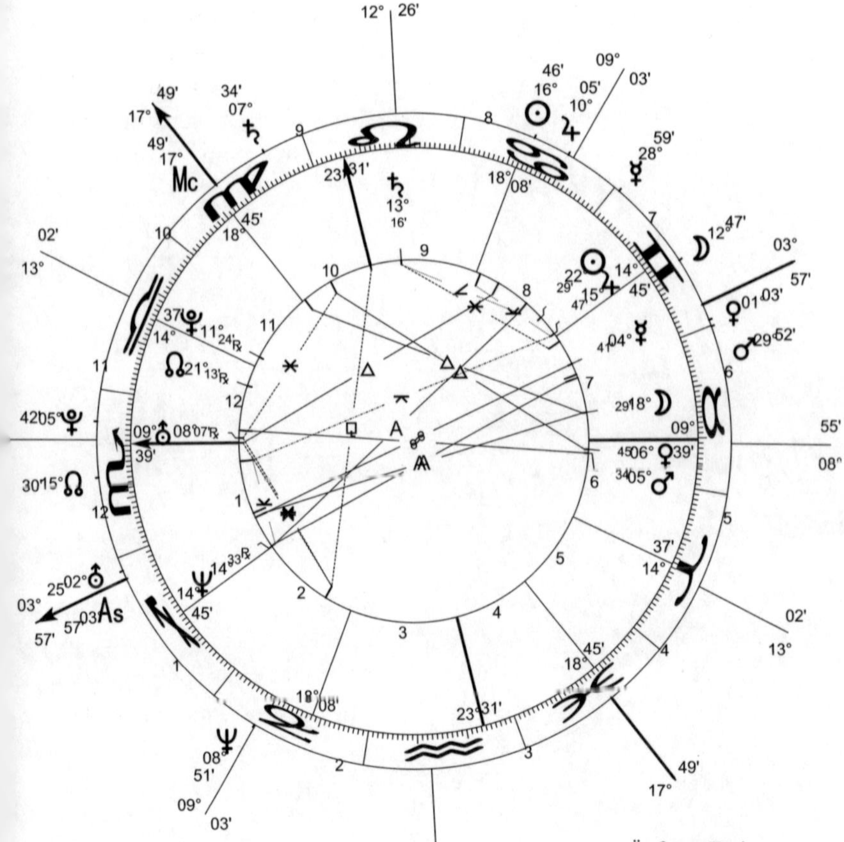

Innerer Kreis
Anna
Radixhoroskop
13. Juni 1977
16:25 CET -1:00
Schwarzenberg, BRD
50°N32' 012°E47'
Geozentrisch
Tropisch
Alcabitius
Mittlerer Mondknoten

Äußerer Kreis
Anna
Sonnenbogen Geburt Tochter
Sonnenbogen
1. Dezember 2002
16:25 CET -1:00
Schwarzenberg, BRD
50°N32' 012°E47'
Geozentrisch
Tropisch
Alcabitius
Mittlerer Mondknoten

Abb. 35: Radix Anna mit Sonnenbogen Geburt Tochter

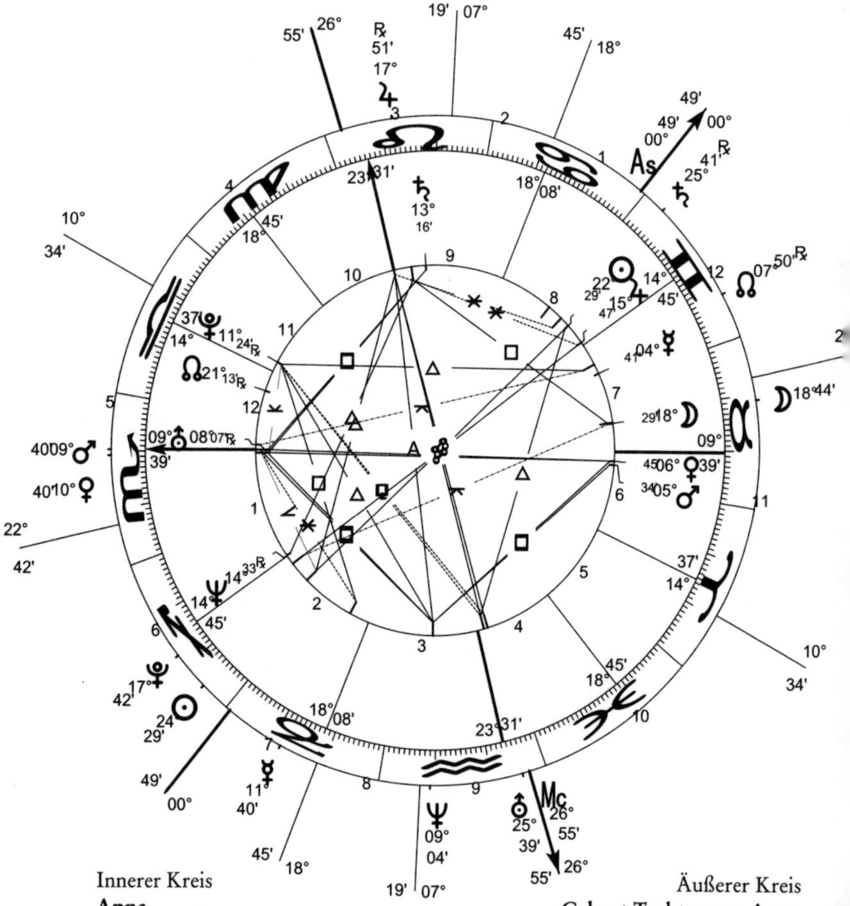

Innerer Kreis
Anna
Radixhoroskop
13. Juni 1977
16:25 CET -1:00
Schwarzenberg, BRD
50°N32‘ 012°E47‘
Geozentrisch
Tropisch
Alcabitius
Mittlerer Mondknoten

Äußerer Kreis
Geburt Tochter von Anna
Radixhoroskop
16. Dezember 2002
16:25 CET -1:00
Schwarzenberg, BRD
50°N32‘ 012°E47‘
Geozentrisch
Tropisch
Alcabitius
Mittlerer Mondknoten

Abb. 36: Radix Anna mit Transit Geburt Tochter

zu Mars, dem Herrscher des 6. Hauses im 6. Haus (Gesundheit). Alles in allem deutet dies auf den Segen hin, den sie mit der Geburt der Tochter verband, bei gleichzeitiger seelischer Stabilität. Der direktionale Neptun im Anderthalbquadrat zum MC und das direktionale MC im Trigon zum Radix-Mond zeigen, dass der Beruf Mutter jetzt Vorrang hatte. Der Transit-Uranus am Radix-IC (Abb. 36) zeigt die Änderung der Familienstruktur an, eventuell auch einen Umzug. Der Transit-Neptun im Quadrat zur Konjunktion Uranus-Aszendenten im Geburtshoroskop zeigt die Befürchtung, das Persönliche zu opfern. Der Transit-Pluto stand im Quadrat zum Radix-Merkur und spricht für die Begegnung mit dem Herrscher über den Aszendenten und fanatisch vertretenen Denkstrukturen. Tatsächlich ist der Vater der Tochter ein Skorpion, von dem sich Anna im Jahr 2005 trennte. Wir denken unwillkürlich an das Uranus-Skorpion-Thema. Der Tochter bleibt einerseits in ihrem Radix der Pluto im Quadrat zum Merkur von Anna, aber die Konjunktion von Venus und Mars wurde vererbt und steht so am Aszendent-Uranus von Anna. Und die beiden Monde finden sich stark, da erhöht, in Konjunktion im Stier. Übrigens, die Tochter hat ihren Uranus am IC der Mutter. An Gesprächen zu den Themen Freiheit und Geborgenheit wird es den beiden sicher nicht mangeln.

Die Werkzeuge

Aspekte und Mondknoten

Wie wir wissen, sind Menschen mit einem spannungsreichen Horoskop im Leben auffallender als Menschen mit einem Übergewicht an harmonischen Aspekten. Und es ist auch zu beobachten, dass dirigierte Planeten in einem Spannungsaspekt zum Aszendenten und zum MC sichtbarere und oft dramatischere Auswirkungen im Leben zeigen als Sextile und Trigone. Nicht nur Konjunktion, Opposition und Quadrat zählen zu den erkennbaren Auslösungen, sondern zuweilen auch die 45°- und 135°-Aspekte sowie der besonders kritische 165°-Aspekt von Noel Tyl, Quindecile genannt. Spannungen zeigen einfach deutlicher die Herausforderungen, aber ebenso die Chancen an. Quadrate sind nicht notwendigerweise schlecht, sondern oft ein Antrieb zur Aktion. Der Mensch muss sich von seinem Lager um 90° zur Erdoberfläche aufrichten, um etwas im Leben zu erreichen. Wichtiger, als an katastrophale Deutungen zu glauben, ist es, darauf zu achten, welche Planeten in Beziehung zueinander bzw. zu den Achsen treten und in welchen Häusern diese Planeten herrschen, um das aktivierte Lebensgebiet zu erkennen. Die Mondknotenachse bringt zu ihr dirigierte Planeten ebenso in eine dominante Position. Besonders zwischenmenschliche Kontakte werden davon geprägt. Bei einer Konjunktion zum absteigenden Mondknoten werden Kontakte hergestellt zu Bereichen und Personen, die sich unserer Aufmerksamkeit sonst meist entziehen. Konjunktionen zum aufsteigenden Mondknoten stellen dagegen eher Kontakte zu bewussten, offensichtlichen Personen und Zielen her. Immer wird gleichzeitig ein Aspekt zum aufsteigenden und zum absteigenden Mondknoten hergestellt. Entweder eine Konjunktion und eine Opposition oder zwei Quadrate oder ein Sextil und ein Trigon.

Unaspektierte Planeten

Werden Planeten, die im Geburtshoroskop keine klassischen Aspekte erhalten, nun aber von mit dem Sonnenbogen dirigierten Planeten oder von transitierenden bzw. progressiven Planeten aspektiert, so beachte man, dass die betroffenen Radix-Planeten in keinerlei Kommunikation zu anderen Faktoren stehenund daher praktisch ganz allein mit der Last oder der Freude der Aspektierung fertig werden müssen und höchstens auf das beherrschte Haus und Zeichen Auswirkungen zu erwarten sind.

Die Aspekte des Goldenen Schnitts

Dr. Theodor Landscheidt hat bei seinen umfangreichen Forschungen unter anderem entdeckt, dass die Goldenen Schnitt-Aspekte im Horoskop statistisch hochwirksam sind. Er berechnete von allen in einer Enzyklopädie genannten berühmten Persönlichkeiten die Sonnenposition. Dabei stellte sich heraus, dass diese weit über die statistischen Wahrscheinlichkeit hinaus die Sonne in einem Abstand zum Widderpunkt hatten, der dem Goldenen Schnitt entspricht. Der Widderpunkt steht für die Beziehung zur Weltöffentlichkeit. Die Goldenen Schnitt-Aspekte findet man, indem man den Kreis von 360° durch die Zahl Phi teilt (1,618033988) = 1 + Wurzel von 5 : 2 bzw. mit dem Kehrwert 1,6180339 multipliziert. Das Resultat von 220°30' zeigt den sogenannten Major, der kleinere Rest von 137°30' ist der Minor. Diese beiden Punkte liegen somit von 0° Widder links bzw. rechts gleich weit entfernt, nämlich bei 137°30', so dass nur dieser Aspekt gesucht werden muss. Dies ist der Goldene Schnitt-Aspektpunkt der ersten Generation. Man kann nun die resultierenden Strecken wiederum nach dem Goldenen Schnitt teilen und erhält Aspektpunkte der zweiten Generation, im Kreis bei 85° und bei 52°30'. Auch an diesen Punkten

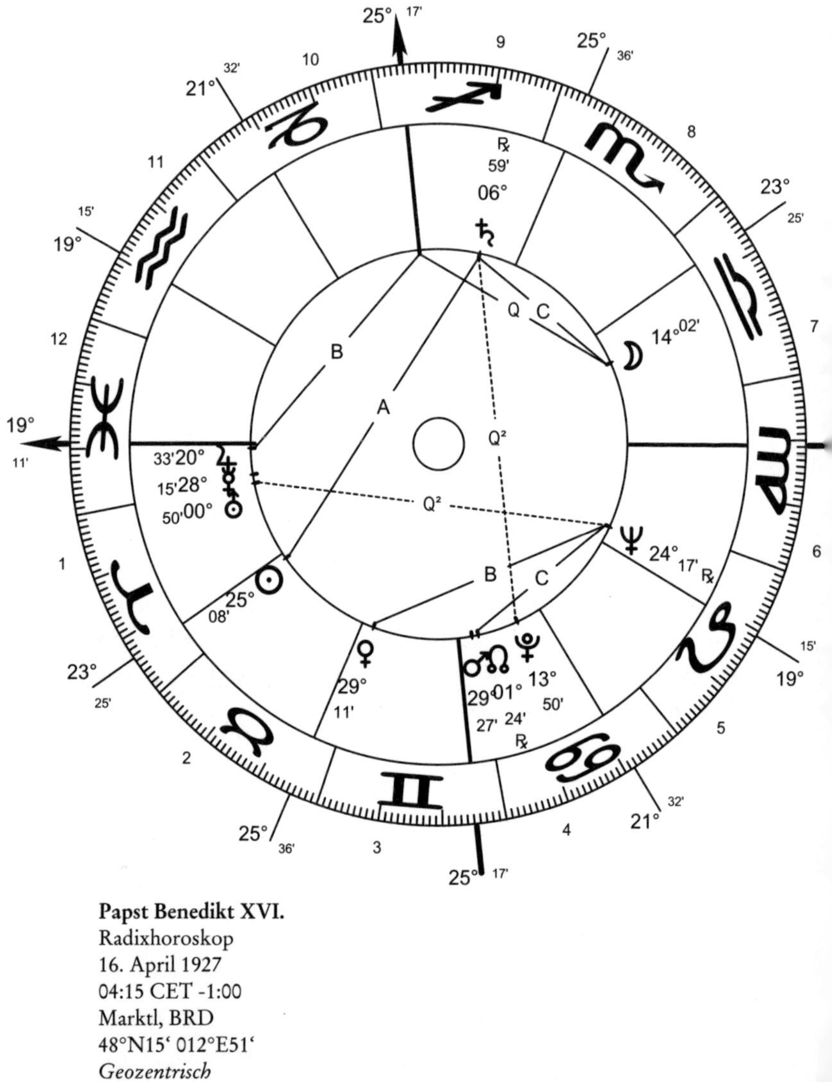

Papst Benedikt XVI.
Radixhoroskop
16. April 1927
04:15 CET -1:00
Marktl, BRD
48°N15‘ 012°E51‘
Geozentrisch
Tropisch
Alcabitius
Mittlerer Mondknoten

Abb. 37: Papst Benedikt XVI., Gold-Aspekte A,B,C – Quintile Q,Q² befand sich die Sonne von berühmten Persönlichkeiten außerordentlich häufig. Die Treffer bei den Distanzen nach der dritten und vierten Generation ergaben nur noch eine sehr schwache statistische Signifikanz. Die Proportionen des Goldenen Schnitts fanden in der Antike in Bauwerken wie der Akropolis und der Cheops-Pyramide Anwendung. Sie spiegeln sich aber auch bei den menschlichen Proportionen wider. Ein Mensch, der nach dem Goldenen Schnitt proportioniert ist, wird als harmonisch und schön empfunden. Auch Pflanzen, Tiere und Kristalle entfalten sich häufig dem Goldenen Schnitt entsprechend. Deshalb ist es durchaus einen Blick wert, festzustellen, ob Planeten sich in einem dieser Goldenen Schnittpunkte befinden. Es muss ja nicht immer gleich die Sonne sein, ein anderer Planet kann ja auch zu außergewöhnlicher öffentlicher Anerkennung führen. Programme wie Solar Fire machen es möglich, eigene Aspekte zu definieren und dann die Goldenen Schnitt-Aspekte zu finden.

Im Horoskop des Papstes (Abb. 37) liegen unter anderem das IC im 85°-Aspekt der zweiten Generation des Goldenen Schnitts zum Widderpunkt und die Jupiter/Aszendent-Konjunktion in einem 85°-Aspekt zum MC.

Die Halbsummenachse Sonne/Mond

Die Halbsummenachse zu Sonne und Mond, berührt durch Direktionen, deutet auf Ereignisse betreffend Sonne (Vater), Mond (Mutter) hin, aber auch auf die eigene Mann/Frau-Beziehung, also die Partnerschaft. Auch die persönliche Balance zwischen Anima und Animus ist angesprochen.

Die Bedeutung des Frühlingspunktes

In der astrologischen Praxis werden der Frühlingspunkt und seine Wichtigkeit viel zu selten erkannt und benutzt. Planeten im Geburtshoroskop auf den kardinalen Punkten bei 0° Widder/Krebs/Waage/Steinbock und maximal 1° zuvor bis 1° danach, z.B. von 29° Fische bis 1° Widder, oder einem Spannungsaspekt dazu (Quadrat und Opposition) treten besonders stark in der Öffentlichkeit hervor. Auch Direktionen zum Widderpunkt zeigen ein vorübergehend der Öffentlichkeit ausgesetztes Dasein an. Ist es die Sonne, so kann ein gewisser Ruhm angenommen werden.

Die Arbeitshilfen – die 90°-Scheibe

Wie bekannt, bringen die Spannungsaspekte im Leben Herausforderungen und Spannungen mit sich, was nicht negativ sein muss. Harmonische Aspekte verändern selten etwas drastisch, erlauben aber oft heilsame Erholungen von den Spannungen oder führen zu ungenutzten Gelegenheiten. Kurz gesagt: Spannung bringt Wachstum, Harmonie bringt Ruhe. Warum sich also nicht konzentrieren auf die wichtigen Wachstumsphasen im Leben? Und so konzentrieren wir uns bei der Sonnenbogen-Direktion mittels 90°-Scheibe auf die herausfordernden Aspekte Konjunktion, Quadrat und Opposition. Die Astrologen Witte, Ebertin, Wangemann und Tyl entwickelten unterschiedliche Werkzeuge, die eines gemeinsam hatten: den 90°-Kreis. «Was ist denn das? Ein Kreis hat doch 360 Grad!» kommt jetzt häufig. Das stimmt natürlich. Aber der 90°-Kreis ist ein Werkzeug zur Arbeitserleichterung und ist leicht selbst gemacht. Im 360°-Kreis haben wir die Kardinalzeichen in 90°- bzw. 180°-Aspekten zueinander. Schneidet man nun die «Pizza» in vier Teile und legt diese aufeinander, so fallen unter anderem die Kardinalzeichen aufeinander (ebenso natürlich die fixen und

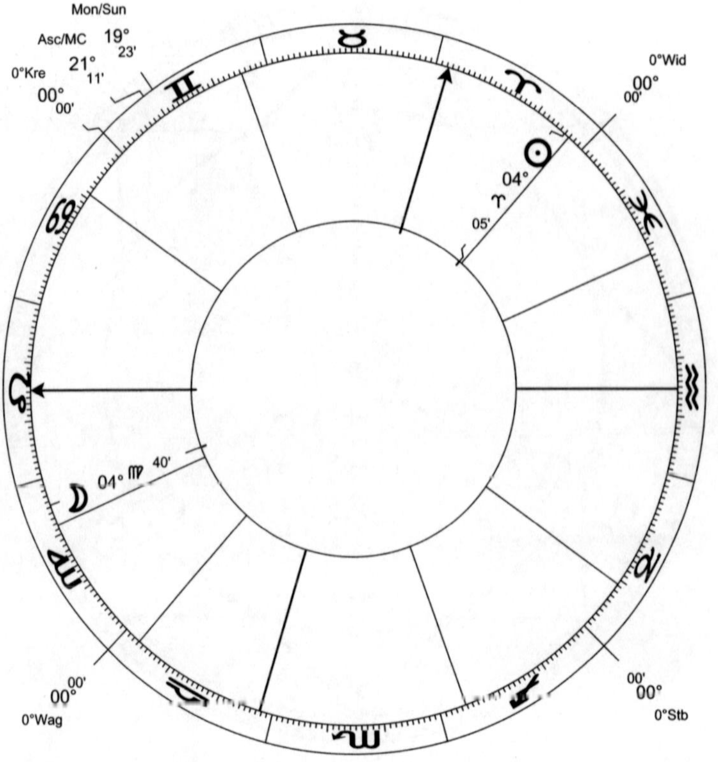

Kristina
Radixhoroskop
25. März 1975
14:48 USZ5 -6:00
Celinograd, Kasachstan
51°N10‘ 071°E30‘
Geozentrisch
Tropisch
Alcabitius
Mittlerer Mondknoten

Abb. 38: Halbsumme So/Mo u. Kardinalpunkte

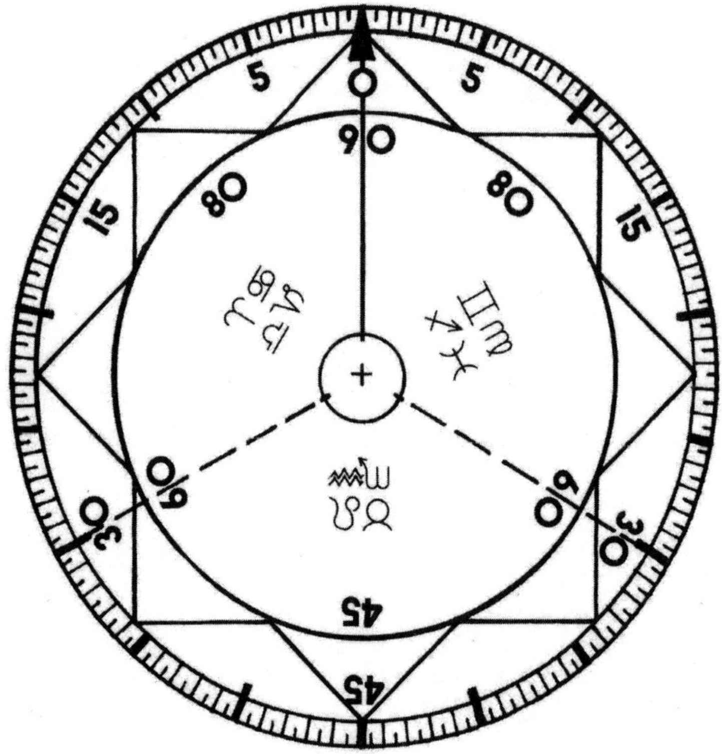

Abb. 39: Die 90°-Scheibe

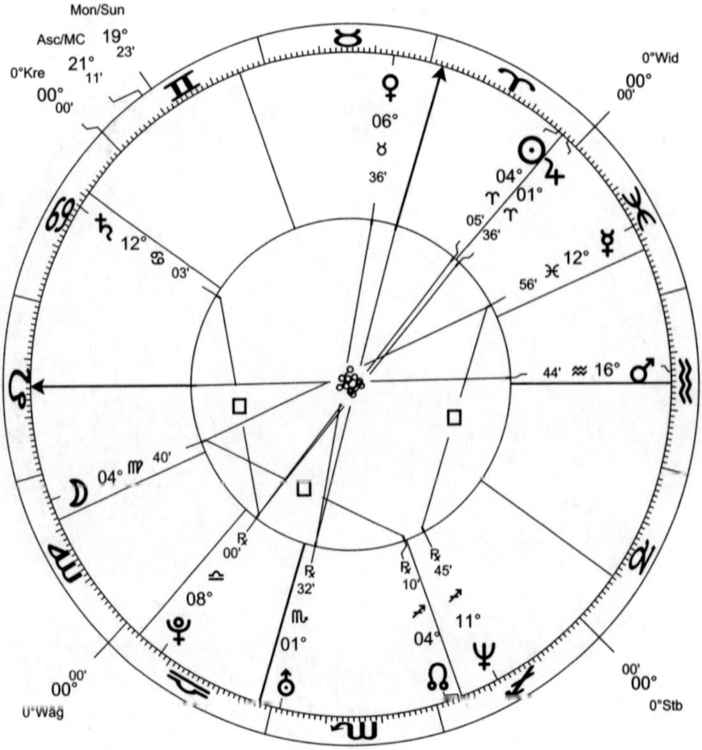

Kristina
Radixhoroskop
25. März 1975
14:48 USZ5 -6:00
Celinograd, Kasachstan
51°N10‘ 071°E30‘
Geozentrisch
Tropisch
Alcabitius
Mittlerer Mondknoten

Abb. 40: Radix 360°, Kardinalpunkte, Spannungen

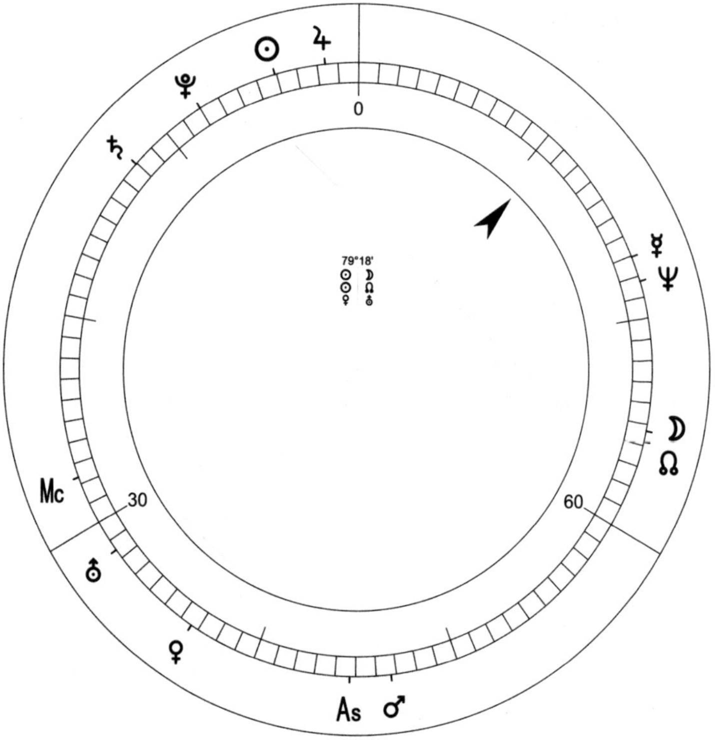

Kristina
Radixhoroskop
25. März 1975
14:48 USZ5 -6:00
Celinograd, Kasachstan
51°N10‘ 071°E30‘
Geozentrisch
Tropisch
Alcabitius
Mittlerer Mondknoten

Abb. 41: Radix 90°, Halbsummenfinger auf So/Mo

die veränderlichen Zeichen). Nun stelle man sich vor, die vier Pizzastücke seien aus Gummi, und man packe diese an den Schnittkanten und ziehe so lange, bis die Schnittkanten sich berühren. Dann hat man die 90° auf einen Kreis gespreizt. Ein nützlicher Effekt ist dabei die sofortige Erkennung von Spannungen, wobei kein Unterschied zwischen Konjunktion, Quadrat und Opposition gemacht wird. Liegt ein Planet im Radix auf 1° Widder und ein anderer auf 2° Krebs, so befinden sich beide im 90°-Kreis auf 1° und 2° kardinal. Noch nützlicher ist aber der Doppelkreis. Man überträgt alle Horoskopfaktoren, also Planeten, Aszendent, MC und Mondknoten, auf zwei 90°-Kreise, wobei der unten liegende etwas größer ist. Als Anordnung dienen die kardinalen, fixen und veränderlichen Positionen. Beide Scheiben werden in der Mitte mit einem Druckknopf verbunden. Nun kommt der volle Nutzen zum Vorschein. Dreht man die obere Scheibe gegen die Uhr um so viel Grad, wie der Sonnenbogen zur Zeit eines Ereignisses war, so sieht man die wichtigen Aspekte sofort als Begegnung im 90°-Kreis. Im weiter oben genannten Beispiel, wo eine Frau mit einer Wassermann-Sonne mit vier Jahren per Bus nach Amerika wollte und der Uranus sich per Sonnenbogen an der MC/IC-Achse auslöste, stehen das MC auf der oberen vorgeschobenen Scheibe und der Radix-Uranus auf der unteren Scheibe zusammen. Auf dem gespreizten 90°-Kreis sieht man die Auslösungen genauer als auf einem 360°-Doppelkreis. Wie sich die einfache Handhabung in der Praxis bewährt, sehen wir später in den Beispielen.

Die grafischen Ephemeriden

Die grafischen Ephemeriden sind ein anderes äußerst hilfreiches Werkzeug von Astrologen, um die voranschreitenden Planeten in ihrer Beziehung zum Geburtshoroskop schnell zu erfassen. Die grafischen Ephemeriden können genutzt werden, um ent-

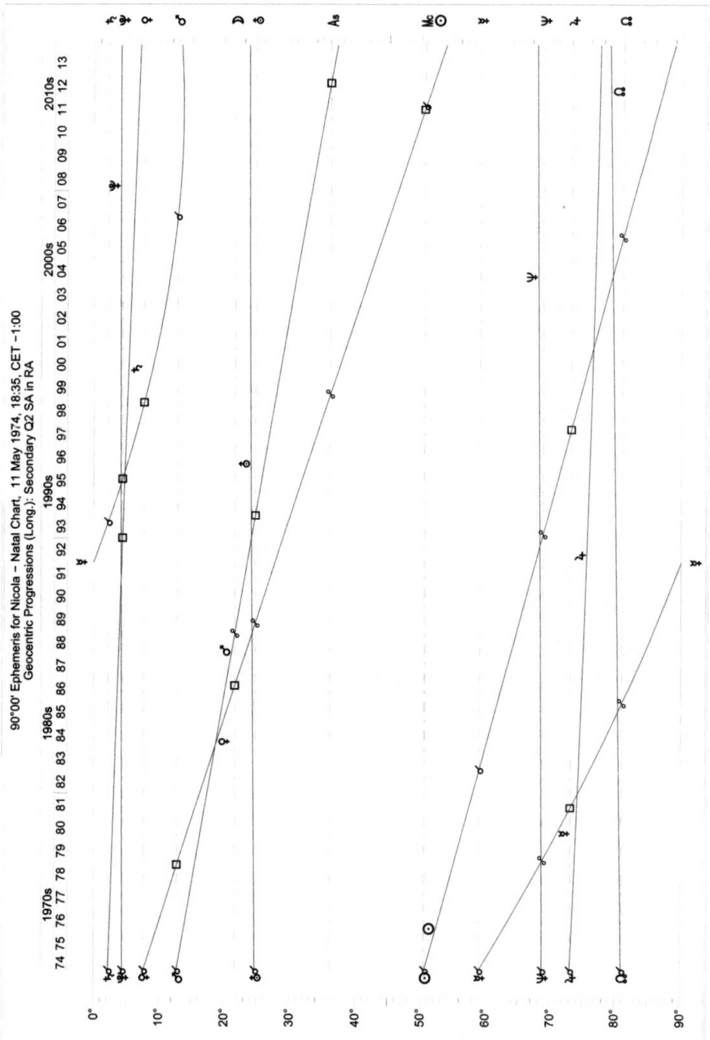

Abb. 42: 90°-Ephemeride Nicola mit Progression 0 – 40 Jahre

weder die Transite, die Progressionen oder die Sonnenbogen-Direktionen gegenüber dem Radix zu zeigen. Ähnlich wie bei der 90°-Scheibe wird der Tierkreis in vier Teile geteilt, die quasi übereinandergelegt werden. Anders als beim 90°-Kreis wird die 90°-Skala nicht im Kreis angeordnet, sondern linear und vertikal. Gleich ist aber, dass auf die kardinalen Zeichen die fixen und die beweglichen folgen. Planeten, die ein bewegliches Zeichen verlassen, treten am anderen Rand der Skala wieder in die grafischen Ephemeriden ein. Kommt ein laufender Planet in Beziehung zum Radix, so dass zwei Linien sich kreuzen, so kann es sich wegen der 90°-Skala um eine Konjunktion, eine Opposition oder ein Quadrat handeln. Es liegt also eine ereignisreiche Spannung vor. Bei transitierenden Planeten bzw. progressiven Planeten zeigt sich die Rückläufigkeit durch die Linie, die Kurven bilden und deren Richtung auf abnehmende Gradzahl zuläuft.

Wie bereits am Anfang über Progressionen beschrieben, kann auch die Progression der langsam laufenden Planeten besonders wichtig sein. Hier ein Beispiel mit einem applikativen Quadrat zwischen Saturn und Pluto im Radix: Der rückläufige Pluto ist sehr langsam und erreicht das Quadrat zum Saturn nicht. Jedoch bewegt sich der direkt laufende Saturn progressiv auf das Quadrat zum progressiven Pluto und zum Radix-Pluto zu. Die Exaktheit wurde am Übergang 1992/1993 erreicht.

Zu diesem Zeitpunkt befand sich Nicola im Schüleraustausch in den USA bei einer Familie mit gewalttätigen Eltern. Sie musste die Familie wechseln und kam in eine freundlichere Familie, wo jedoch der Vater starb, die Mutter wegen Konkurses die Arbeit verlor und die Familie mit Armut zu kämpfen hatte. Nicola und alle anderen Kinder sicherten durch fleißige Arbeit das Überleben. Sie lernte also früh, eine ernste Existenzkrise zu überwinden, bis die Mutter der Familie wieder Arbeit fand. Auf der 90°-Skala der grafischen Ephemeriden ist das Quadrat zu erkennen. Der Merkur lief durch die Konjunktion zum Saturn

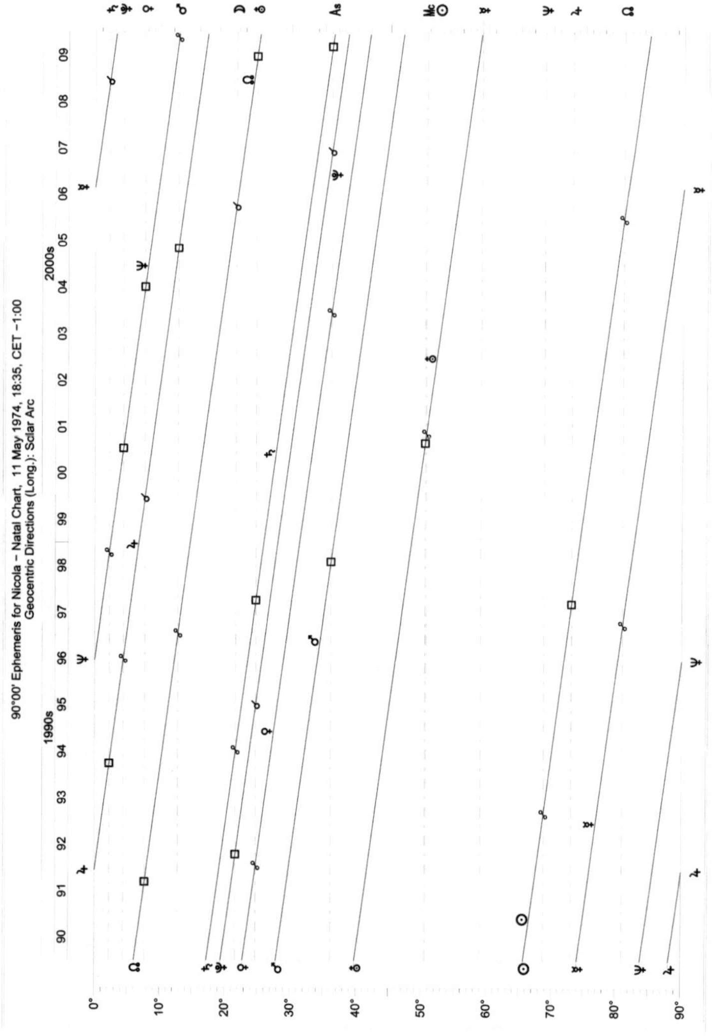

Abb. 43: 90°-Ephemeride Nicola Sonnenbogen 1990 – 2010

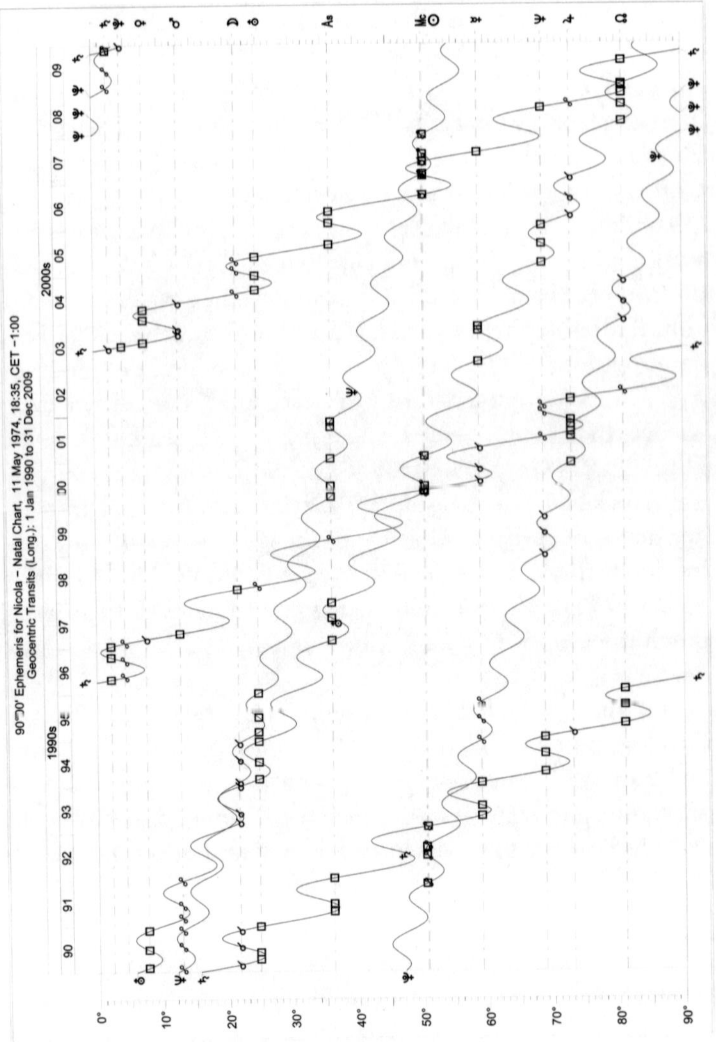

Abb. 44: 90°-Ephemeride Nicola Transite 1990 – 2010

und bald danach in das Quadrat zum Pluto. Als die Konjunktion 2006 zum Radix-Mars exakt wurde, kam sie mit der Frage auf mich zu, ob die geplante Selbstständigkeit gutgehen oder ihre Existenzängste zu Recht bestehen würden. Die größte Existenzkrise des Lebens war bereits 1992/1993 gemeistert worden, und Merkur erinnerte nur daran.

Abbildung 43 zeigt in der Sonnenbogen-Direktion von 1992–1994 ein Pluto-Quadrat und eine Saturn-Opposition zum Radix-Mond. Dazu kam die Opposition der dirigierten Sonne zum Radix-Neptun, was deren Position schwächte. 2006 kam der direktionale Pluto auf den Aszendenten, und der direktionale Saturn kommt 2009 ins Quadrat zum Aszendenten, auch wieder ein Grund für eine Erinnerung an die alte Existenzkrise. Hier hilft das Gespräch darüber, und die Tatsache, dass der Radix-Aspekt nie wieder exakt wird, zeigt, dass Nicola jetzt wieder ihre wunderbaren Überwindungskräfte unter Beweis stellen kann, praktisch eine Art Meisterprüfung. Die dirigierte Sonne lief zur Zeit der Gründung einer Gemeinschaftspraxis durch die Opposition zum Mondknoten, was die Aktion verdeutlicht.

Abbildung 44 mit den Transiten zeigt 1991/92 ein Saturn-Quadrat zum Aszendenten und 1993 eine Spannung zur Sonne und zum MC. Auslösen werden Saturn und Neptun 2006/07 zur Sonne und zum MC, aber auch der Uranus sorgt für befreiende Änderungen mit seinen Aspekten zum Radix-Jupiter.

Spezielle Fragen

Die Rückläufigkeit in der Progression

Es ist nicht nur interessant zu verfolgen, ob im Radixhoroskop Planeten im applikativen oder separativen Aspekt zueinander stehen und ob dieser Aspekt in der Progression exakt wird oder zu Lebzeiten keine Exaktheit mehr erreicht, sondern auch wann die Exaktheit erreicht wird. Diese Zeit der Exaktheit wird im Leben stärker von diesem Aspekt geprägt als sonst, auch wenn die langsamen Planeten sich in der Progression oft ohnehin über Jahrzehnte innerhalb des Aspektorbis befinden. Darüber hinaus sind auch die Radixstellen der aspektierten Planeten reizbarer für Transite als Auslöser von Ereignissen, das jeweilige Planetenthema betreffend. Aber es muss natürlich die Rückläufigkeit berücksichtigt werden, um festzustellen, ob ein Aspekt zunehmend oder abnehmend ist. Generell werden rückläufige Planeten zurückhaltender, ja gehemmter gelebt als direkt laufende, wobei es sehr auf die Zeichenposition ankommt. Ein Merkur in Zwillinge wird trotz Rückläufigkeit nicht sehr viel schweigsamer sein, in Steinbock oder Fische wird ein Gesprächsaufbau jedoch zusätzlich erschwert. Ist die Brücke einmal gebaut, fließt die Rede dann manchmal ungehemmt. Ein Kind hörte auf, sich am Unterricht aktiv zu beteiligen, machte keine Hausaufgaben mehr und begann Gespräche nicht mehr sehr oft von sich aus, als der Merkur im 3. Haus in der Jungfrau im Alter von 14 Jahren rückläufig wurde. Als er aber im Alter von 37 Jahren wieder direkt wurde, begann der Mann, in seinem Beruf zu unterrichten, und publizierte ein Buch. Das war

Dynamic Events Report

☿ (3)	S℞		(R)	Sp	15 Nov 1958
♀ (3)	☌	♂ (3)	(X)	Sp-Na	22 Aug 1959
☉ (2)	☌	♃ (2)	(X)	Sp-Na	22 Jan 1961
♂ (4)	☌	♆ (4)	(X)	Sp-Na	7 Mar 1967
☿ (3)	☌	♂ (3)	(X)	Sp-Na	6 Jul 1968
♀ (4)	☌	♆ (4)	(X)	Sp-Na	24 Apr 1971
☿ (3)	☌	☿ (3)	(X)	Sp-Na	14 Dec 1971
☉ (3)	☌	☿ (3)	(X)	Sp-Na	21 Dec 1972
☉ (3)	☌	♂ (3)	(X)	Sp-Na	9 May 1976
☿ (3)	SD		(D)	Sp	21 Oct 1981
♅ (11)	S℞		(R)	Sp	1 Feb 1984
☿ (3)	☌	☿ (3)	(X)	Sp-Na	20 Nov 1990

ein größerer Dammbruch beim Richtungswechsel des Merkurs als nur die tägliche Überwindung des rückläufigen Merkurs. Man sieht auch, dass Merkur wirksam progressiv rückläufig werden kann und wieder direkt. Interessant ist auch ein rückläufiger Uranus. Steht dieser im Radix im Krebs, ziehen diese Menschen sowieso häufiger um als üblich (Krebs = Wohnung). Im progressiven Richtungswechsel von Uranus von rückläufig auf direkt jedoch oder bei Beginn der Rückläufigkeit wird fast sicher die Wohnung gewechselt. Da der Uranus langsam ist, kann die Rückläufigkeit lebenslang anhalten. Jedoch wird im Jahr des Richtungswechsels eines progressiven Planeten dessen Thematik auffällig oft verstärkt gelebt. Wenn aber ein zunächst rückläufiger Planet später direkt laufend auf seine Radixposition zurückkehrt, so wird manchmal erst dann das in ihm steckende Potenzial voll bewusst. Ein Blick in die Ephemeriden auf die rückläufigen Planeten, dann auf die Anzahl der Tage, bis ein D erscheint und die Direktläufigkeit beginnt, zeigt das Alter an, in dem das Planetenthema stärker auffällt. Eine kurze Notiz für den Merkur könnte dann so aussehen: Merkur D/14Rx/37D. Klienten freuen sich oft über eine kurze Bestätigung, wenn eine Hemmung sich langsam auflöst und sie sich trauen können mit der freieren Entfaltung des bislang rückläufigen Planeten.

Resonanzen

Wenn zwei Planeten im Radix einen Aspekt bilden und zwischen denselben Planeten jetzt wieder ein Aspekt vom Sonnenbogen zum Radix eintrifft, oder ebenso wenn die im Radix im Aspekt stehenden Planeten im progressiven Horoskop wieder einen Aspekt zueinander bilden (mutual = gegenseitig), so findet Resonanz statt. Das Planetenthema des Radix ist angesprochen. Mit einem zusätzlichen Transit von einem der beteiligten Planeten über seine Radixposition oder die Position des anderen beteiligten Planeten im Radix kann man schon fast einen Garantieschein für ein Ereignis ausstellen, welches das Planetenthema betrifft. Aber auch die an einem Aspekt nicht beteiligten, langsam laufenden, äußeren Transit-Planeten lösen intensive Ereignisse aus. Diese lösen dann also auch aktuelle Resonanzen aus. (Siehe dazu die praktischen Arbeits-Ephemeriden im Anhang.)

Besonderheiten bei der Sonnenbogen-Direktion

Bei einer Klientin zeigten die Sonnenbogen-Direktionen lange Zeit zeitlich exakte Treffer an, wie z.B. bei einer Venus/MC-Auslösung die Geburt einer Tochter, bei einem Sonne/Jupiter-Aspekt die Heirat. Aber bei der später eintreffenden Neptun/Aszendent-Auslösung spricht diese für einen Persönlichkeitsschwund oder eine Egoabschwächung oder eine erfolgreiche Psychotherapie, und gleichzeitig ereignete sich eine Pluto/MC-Auslösung, die für eine extreme berufliche Veränderung oder eine äußerst starke familiäre Erschütterung steht. Die Klientin bestätigte alle Auslösungen, jedoch erlebte sie bei der letzten die schwierigste Variante der Möglichkeiten und hat diese auch nach weiteren zehn Jahren nicht verwunden. Seit der Krise zeigte keine astrologische Auslösung irgendeine Entsprechung im Leben. Der Schock von damals war so groß, dass sie keine

Therapie beginnen konnte. Der Mut für einen neuen Weg, für einen Weg zur Heilung, fehlte zehn Jahre lang. Erst die Hochzeit des Sohnes und die Geburt eines Enkelkindes leiteten eine hoffnungsvollere Periode ein, seit der die Sonnenbogen-Direktion wieder pünktlich exakte thematische Entsprechungen im Leben auffinden lässt. Aber für zehn Jahre lang versagte jede Astrologie. Denn der verzweifelte Mensch hatte quasi den «Stecker beim Universum» herausgezogen. Der Astrologe sollte in so einem Fall den Klienten lieber in therapeutische Hände übergeben und nicht an der Richtigkeit der Geburtszeit samt Auslösungen zweifeln. Gott nimmt uns zuweilen unser Werkzeug aus der Hand und zeigt uns unsere Grenzen. Normalerweise ist jedoch die Sonnenbogen-Direktion das wirksamste Werkzeug zur symbolischen Lebensbeschreibung und zur Ereignisprognose.

Geburtszeitkorrektur

Eine gute und vor allen Dingen zutreffende Korrektur der Geburtszeit ist sicher eine schwierige, verantwortungsvolle und zeitaufwendige Arbeit, besonders je weniger die Geburtszeit bekannt ist. Ist nur der Tag und nicht die Zeit bekannt, so gibt es meist schon so viele Möglichkeiten der Korrektur pro Tag, dass ein endgültiges Ergebnis nicht möglich ist. Mithilfe des progressiven Mondes und der monatlich entstehenden Aspekte zum Radix und zum progressiven Horoskop kann die Position des Radix-Mondes grob eingekreist und eine ungefähre Geburtszeitbestimmung gewagt werden. Diese muss sich jedoch im gesamten Leben mit Sonnenbogen-Direktionen und Transiten bewähren. Eine Geburtszeitkorrektur bei fraglichem Datum sollte am besten unterbleiben, da diese zu spekulativ würde.

Einmal ging eine Schülerin ohne Kenntnis ihrer Geburtszeit zu einem im selben Gebäude stattfindenden Treffen von professionellen Rutengängern und Pendlern. Diese waren bekannt für ihre Treffer in Zusammenhang mit Brunnenbohrungen und bei der Aufdeckung von häuslichen Störzonen. Bei der Rückkehr der Schülerin fragten alle neugierig, welchen Aszendenten die Pendler nun ermittelt hätten. Die Antwort lautete: zwölf verschiedene. Einige Menschen trauen einer Rückführung vor die Geburt und von dort einem Blick der Mutter auf die Uhr im Kreißsaal. So bleibt noch die Frage, ob es während der Geburt acht Uhr morgens oder acht Uhr abends war. Wenn dann aber doch noch eine standesamtliche Zeit entdeckt wird und diese sich mit den Krankenhausakten deckt, darf man annehmen, dass diese korrekt ist. In vielen Ländern besteht die gesetzliche Pflicht, die Zeit der Geburt zu notieren, bei uns auf die Minute genau, in Frankreich auf eine halbe Stunde genau, anderswo wieder gar nicht. Die eine Mutter hat ein buchhalterisch genaues Gedächtnis, die andere behauptet, alle Kinder seien um zwölf Uhr mittags geboren. Manche sagen, die Sonne schien gerade und der Vater kam von der Arbeit, obwohl es Sonntagnacht war und der Vater niemals sonntags arbeitete. Liegt aber eine einigermaßen korrekte Zeit vor und alle Sonnenbogen-Direktionen zu den Achsen von Aszendent und MC oder von dirigierten Achsen zu den Radix-Planeten erfordern eine 2°-Zurückdrehung von Aszendent und MC, um genau deckende Ereignistreffer zu erzielen, so kann man getrost die Geburtszeit um acht Minuten zurückverlegen. Die neuen Achsen sollten dann bessere Treffer ergeben. Die Erfahrung zeigt, dass selten über eine halbe Stunde hinaus korrigiert werden muss und dass fast immer die Geburt vor der angegebenen Zeit lag. Das erscheint logisch, denn eine bevorstehende Geburt wird wohl kaum voreilig notiert werden. Die häufigste Korrektur beläuft sich auf sieben Minuten vor der Angabe des Standesamtes. Ärzte und Hebammen erzählen, dass zwischen Austritt des Kopfes und dem ersten Atemzug und Nabeltrennung meist weniger als fünf Minuten vergehen, worauf die Zeit direkt notiert wird.

Ein bekannter Astrologe saß mit der Stoppuhr bei der Geburt seiner Tochter dabei. Später korrigierte er die Geburtszeit auf sieben Minuten vor den selbst beobachteten Zeitpunkt des ersten Atemzuges. Er verzweifelte an der sonst bestens arbeitenden Korrektur mit der Hermes-Waage. Bei dieser Methode müssen sich der Zeugungsmond und die Aszendent/Deszendent-Achse sowie der Geburtsmond mit der Achse des Zeugungshoroskops (ca. 273 Tage vor der Geburt) genau decken. (Siehe Trutina Hermetis in dem Buch «Astrologie» von Fankhauser bzw. Schwickert-Weiss «Geburtszeitkorrektur».) Alle Methoden der Geburtszeitkorrektur ausführlich zu besprechen, muss einem anderen Buch vorbehalten bleiben. Die Sonnenbogen-Direktion jedoch sollte bei der Korrektur der Geburtszeit auch die Lebensereignisse korrekt darstellen können. Interessant ist die Tatsache, dass das Licht der Sonne etwa acht Minuten braucht, um auf die Erde zu treffen. Der Sonnenlogos, der große Geist, wird im Horoskop repräsentiert durch die Geburtssonnenposition als dem höheren Selbst. Vielleicht ist der Geburtsmoment nicht der übliche erste Atemzug, sondern ein Willensimpuls des Sonnenlogos. Nach dieser Theorie muss der korrigierte Moment der Geburt dann nicht der Moment der exakten physischen Geburt sein.

Die Bedeutungen der Planetenkombinationen

Diese Kombinationsdeutungen von zwei Planeten gelten sowohl, wenn beide Planeten im Geburtshoroskop durch einen Aspekt verbunden sind, als auch für die Verbindung eines Radix-Planeten, der von einem zweiten Planeten aspektiert wird, egal ob dieser transitiert, mit dem Sonnenbogen dirigiert wurde oder dies ein progressiver Planet ist. Die wirksamsten Aspekte sind Konjunktionen und Oppositionen, dann Quadrate, Halb- und Anderthalbquadrate sowie Quindicile. Trigone und Sextile wirken in der Ereignisauslösung recht schwach. (Siehe auch das Kapitel: Resonanz).

Die Zweierdeutungen können genau für Planetenhalbsummen herangezogen werden. Sollte ein dritter Planet in die Halbsumme treten, so sollte seine Bedeutung zu der Zweierdeutung in Beziehung gesetzt bzw. zu einer Gesamtdeutung verschmolzen werden. (Siehe dazu auch: Reinhold Ebertin: Kombination der Gestirnseinflüsse, Chiron-Verlag, oder Noël Tyl: Solar Arcs, Llewellyn, USA.)

Ist der AS oder das MC beteiligt, so sollte für die Gültigkeit die Geburtszeit absolut genau bekannt sein, da nur 1° Orbis erlaubt ist. Zur Erinnerung: 4 Minuten Geburtszeitdifferenz verschieben AS und MC um ca. 1°. Eine Korrektur könnte erforderlich sein, um für die Zukunft korrekt prognostizieren zu können.

Einige Halbsummen im Radix reagieren besonders sensibel auf Direktionen und Transite, z.B.: SO/MO, AS/MC, MA/SA, SA/PL, AS oder MC mit UR, NE oder PL. Diese sollten besonders im Auge behalten werden.

SO/MO
Es besteht die Notwendigkeit, Ihre inneren Motive zu verstehen, damit Sie Ihre bewussten Ziele erreichen können. Diese Halbsumme symbolisiert das Gleichgewicht zwischen männlich und weiblich in Ihrer Psyche. Manchmal deutet sie auch auf die Eltern oder Ihre Rolle als Elternteil hin.

SO/ME
Sie sind vital und können Ihre körperlichen Kräfte bewusst einsetzen. Sie haben ein starkes Bedürfnis, sich anderen mitzuteilen und Ihre eigenen Gedanken auszudrücken.

SO/VE
Dies zeigt Ihr Bedürfnis, kreativ zu sein und das auszudrücken, was Sie wirklich fühlen. Sie können Ihre körperlichen Bedürfnisse annehmen und wollen diese auch ausleben. Sie möchten Beziehungen eingehen, Liebe schenken und/oder Ihre künstlerische Kreativität zum Ausdruck bringen.

SO/MA
Hier wird angezeigt, wo Sie das Bedürfnis nach Behauptung und Selbstdarstellung haben. Sie entwickeln einen starken Lebens- und Durchsetzungswillen und können sich tatkräftig für Ihre Arbeit einsetzen. Es kann möglicherweise Konflikte mit Männern geben.

SO/JU
Ihre Aufmerksamkeit ist auf die Möglichkeiten gerichtet, Ihre Ideen und Ambitionen zu erreichen. Wenn es Ihnen gelingt, Ihre Bequemlichkeit zu überwinden, können Sie expandieren und erfolgreich sein. Sie sind offen und großzügig, können aber auch verschwenderisch werden. Diese Halbsumme symbolisiert außerdem Ihr körperliches Wohlbefinden und Ihre Gesundheit. Ihr gesundheitlicher und seelischer Zustand ist jetzt stabiler als sonst. Sollte eine Operation bevorstehen, so wird eine schnelle Genesung folgen.

SO/SA
Hier spüren Sie Ihre Begrenzungen am stärksten, aber auch, wo Sie entschlossen sein können. Ihre Vitalität und Ihre Willensfreiheit sind eingeschränkt, und Sie müssen mit Ihren Kräften haushalten. Sie sind jedoch in der Lage, Barrieren zu durchbrechen.

SO/UR
Dies zielt auf die Möglichkeiten zu neuen Erfahrungen und Änderungen in Ihrem Lebensstil. Sie sind zeitweise ziemlich exzentrisch und rebellisch, weil Sie einen starken Drang haben, sich selbst zum Ausdruck zu bringen und alte Beschränkungen und Zwänge zu durchbrechen.

SO/NE
Hier zeigt sich Ihr Punkt der Sensitivität, der künstlerischen Kreativität, des Mitgefühls und der möglichen Verwirrung. Sie spüren eine gewisse körperliche Schwäche und sehnen sich nach mehr Vitalität. Möglicherweise wenden Sie sich der Mystik zu oder machen spirituelle Erfahrungen.

SO/PL
Wenn dieser Punkt aktiviert wird, zeigt dies eine Zeit der fundamentalen persönlichen Transformation an, die durch den aspektierenden Planeten festgelegt wird. Sie sind in der Lage, Ihre Kraftreserven zu beleben, und können daher außergewöhnliche Kräfte freisetzen. Achten Sie darauf, dass Sie nicht nur auf Zerstörung aus sind.

SO/AS
Sie haben das starke Bedürfnis, in Kontakt zu anderen zu treten, besonders zu männlichen Personen, mit denen Sie entweder Ihre Kräfte messen können oder aber eine Partnerschaft eingehen können.

SO/MC
Dieser Punkt zeigt, was oder wie Sie in den Augen der anderen sind. Sie haben eine klare Wahrnehmung Ihrer Ziele und wollen Ihren individuellen Weg gehen.

SO/NN
Sie haben das Bedürfnis, aus sich herauszugehen und persönliche Kontakte mit Gesellschaften oder verschiedenen Menschen zu knüpfen.

MO/ME
Ihr Denken und Ihre Art zu kommunizieren wird von Ihren Gefühlen und Emotionen beeinflusst. Anderen gegenüber sind Sie in der Lage, über Ihre Gefühle zu sprechen. Auch für die Stimmungen und Gefühle anderer sind Sie offen.

MO/VE
Hier werden Ihre Gewohnheiten und instinktiven Emotionen angesprochen. Ihre Gedankenwelt kann stark erotisch und/oder künstlerisch gefärbt sein.

MO/MA
Impulsive und instinktive Aktionen werden hier aktiviert. Sie können verstärkt emotional reagieren. Sie spüren Ihre Kraft und sind mit Herzblut bei einer bestimmten Sache.

MO/JU
Die Planeten, die diese Halbsumme aspektieren, betonen Ihre Lebensfreude, Ihren Optimismus, Ihre Heiterkeit und Ihre Gefühle. Sie können Ihre Gefühle darstellen, ausleben und anderen zeigen.

MO/SA
Das Grundgefühl kann eine ruhige Zufriedenheit sein, gepaart mit ein bisschen Traurigkeit und dem Gefühl von Einsamkeit.

Sie haben das Gefühl, Ihre Gefühle bremsen zu müssen und sich zurückzuhalten, weil Sie Angst vor Ihrer eigenen Emotionalität haben.

MO/UR
Aspekte zu dieser Halbsumme können plötzliche Veränderungen hervorrufen, die zum Besseren oder Schlechteren sein können. Sie sind unruhig, nervös und neigen dazu, Ihren Gefühlen ungezügelten Lauf zu lassen.

MO/NE
Es kann sein, dass Sie sich nur noch emotional treiben lassen und dadurch ziemlich weltfremd werden. Wird diese Halbsumme aktiviert, neigen Sie zu hochgradiger Empfindlichkeit. Sind Sie ein Seelenschwamm, so sollten Sie objektivierende Gespräche mit Mitmenschen suchen.

MO/PL
Intensive emotionale und zwanghafte Angelegenheiten können aktiviert werden. Sie neigen zu extrem emotionalen Reaktionen. Sie sind jedoch in der Lage, einen Bezug zu Ihren tiefsten Seelenschichten herzustellen und Unbekanntes an die Oberfläche zu holen.

MO/AS
Enge Beziehungen zu Frauen und/oder zu Menschen, die Sie sehr lange kennen, können ein Auslöser sein, Ihre allgemeine Lebenseinstellung zu ändern. Sie sind gefühlsbetonter als sonst und stehen zu Ihren Gefühlen.

MO/MC
Aspekte zu dieser Halbsumme können Änderungen in Ihrem Beruf oder Ihrer gesellschaftlichen Position bewirken.

MO/NN
Hier geht es um Verbindungen, die hauptsächlich auf Gefühlen basieren, und neue Kontakte zu Menschen, mit denen eine Seelenverwandtschaft besteht.

ME/VE
Diese Verbindung verstärkt Ihr Bedürfnis, Ihre Gefühle und Emotionen auszudrücken. Sie beschäftigen sich intellektuell mit Erotik und Kunst.

ME/MA
Wenn aktiviert, könnten einige Leute denken, dass Sie nicht aufhören können zu reden! Ihr Wille wird vom Verstand gesteuert. Sie könnten jetzt andere mit Worten angreifen und verletzen. Besser wäre es, Ihre Worte und Ihre Schrift im Berufsleben einzusetzen.

ME/JU
Wird diese Halbsumme aktiviert, ist Ihr Denken auf Erfolg ausgerichtet. Sie möchten als intelligent und klug angesehen werden. Vergessen Sie nicht, das Gesamtbild zu bedenken und zu betrachten.

ME/SA
Sie beschäftigen sich mit traditionellen oder konservativen Themen. Sie versuchen, durch Nachdenken Widerstände zu überwinden. Im positiven Sinn können Sie jetzt sehr konzentriert denken. Im negativen Sinn neigen Sie zu Depressionen, die durch Hindernisse und Isolierung verursacht werden können.

ME/UR
Sie denken das Undenkbare und erwarten das Unerwartete. Sie erkennen Ihren eigenen Lebensrhythmus und denken über Reformen und Veränderungen nach. Ihr Bedürfnis nach intellek-

tuellen und außergewöhnlichen Anregungen ist so groß, dass Sie dazu neigen, zu sprunghaft zu denken und übereilt zu handeln. Überprüfen Sie Ihre Eingebungen!

ME/NE
Sie haben ein intensives Traumleben und können sich bewusst entspannen. Sie haben das Bedürfnis, Ihre Fantasie und Kreativität über das normale Maß hinaus auszuleben.

ME/PL
Hier haben Sie die Chance, Ihre Gedanken und Glaubensmuster zu überdenken und sich von kollektiven Normen zu lösen. Sie verfügen über suggestive Kräfte und können Ihren Verstand mit maximaler Kraft einsetzen. Es besteht die Tendenz, sich in seelische Machtkämpfe verwickeln zu lassen.

ME/AS
Sie sind in der Lage, Ihre Einstellung dem Leben gegenüber klar auszudrücken, und zugleich können Sie ein guter Zuhörer sein. Sie können sich mit Ihren geistigen Fähigkeiten identifizieren.

ME/MC
Sie sind in der Lage, Ihre Einstellung zum Leben und zum Beruf auszudrücken. Sie können Ihre eigenen Motivationen und Ziele klar erkennen und sind daher in der Lage, Entscheidungen zu treffen.

ME/NN
Vermehrte Kommunikation mit neuen Bekannten und Gesellschaften stehen ins Haus. Sie haben die Fähigkeit, geistige Arbeit in Gruppen zu leisten.

VE/MA
Wenn diese Halbsumme aspektiert wird, werden Ihr Sexual-

trieb, Ihre Leidenschaft und Ihre geschlechtliche Liebe aktiviert.

VE/JU

Ihre optimistische, glückliche Seite wird angesprochen. Sie möchten sich gern verwöhnen lassen und bevorzugen möglicherweise den Luxus.

VE/SA

Die etwas ernstere Seite Ihres Gefühlslebens kommt hier zum Vorschein. Eine gewisse Berührungsangst führt dazu, dass Sie Ihre Wünsche nach Zärtlichkeit und Sexualität unterdrücken.

VE/UR

Sie erleben das Leben ganz neu. Sie ziehen ungewöhnliche und aufregende Beziehungen an, die Ihnen Ihre Unabhängigkeit lassen. Auch wenn Sie bereits eine Partnerschaft haben, könnten Sie sich in ein Liebesabenteuer stürzen.

VE/NE

Wird diese Halbsumme aktiviert, kommt eine Zeit der Wunschträume und Illusionen in der Liebe auf Sie zu. Sie haben so hohe Ideale oder romantische Vorstellungen von einer Liebe, dass es zu einer Enttäuschung kommen kann.

VE/PL

Es kann das Bedürfnis aufkommen, Ihre Werte zu verändern. Aber auch die Leidenschaft wird hier stark angesprochen, und Erotik und Sexualität treten in den Vordergrund. Es besteht jedoch die Gefahr der Hörigkeit oder der Machtkämpfe in der Liebe.

VE/AS

Hier kommt Ihre nette Seite zum Vorschein, abhängig von dem Planeten, der diesen Punkt aspektiert. Sie wirken auf andere charmant und liebenswert und haben die Fähigkeit, andere zu verzaubern.

VE/MC
Die Außenstehenden sehen Sie hier von Ihrer besten Seite. Liebe, Erotik und Zärtlichkeit, aber auch Ihre künstlerische Kreativität werden zum Thema.

VE/NN
Dies könnte eine gute Zeit sein, um neue Freundschaften zu schließen und sich neuen Organisationen anzuschließen. Sie bringen Ihren Mitmenschen viel Liebe und Zuneigung entgegen. Eine neue Liebesbeziehung könnte sich anbahnen.

MA/JU
Wird diese Halbsumme aktiviert, streben Sie eine Erweiterung Ihres Aufgabengebietes an. Diese Halbsumme ist ein sensitiver Punkt für Erfolg und glückbringende Handlungen. Ob ein Unterfangen jedoch wirklich zum Erfolg führt, ist natürlich auch von dem Planeten abhängig, der diese Halbsumme aspektiert. Bei Frauen kann diese Halbsumme, wenn Sie durch andere Planeten aktiviert wird, auf eine Schwangerschaft oder auf die Geburt eines Kindes hindeuten.

MA/SA
Ihre Energie stößt auf Widerstände. Entweder sind Sie frustriert, weil Sie in Ihrem Handeln gebremst werden oder Ihren Ärger unterdrücken, oder Sie versuchen, diese Widerstände zu überwinden. Sie können diszipliniert und hart arbeiten, wenn Sie sich auf Ihre Ziele konzentrieren.

MA/UR
Seien Sie nicht zu übereifrig und vermeiden Sie überstürzte Entscheidungen! Verrückte impulsive Taten können viel Chaos und Verwirrung verursachen. Ihr plötzliches, impulsives Han-

deln kann zu einer erhöhten Unfallneigung führen. Achten Sie auf Spielraum für Ihr Reaktionsvermögen.

MA/NE
Es besteht die Neigung, Ihre Fantasien für Realität zu halten. Sie können ziemlich widerstandslos sein und dadurch Ihren Halt im Leben verlieren. Auch im Berufsleben kann es zu Enttäuschungen kommen. Ein Berufswechsel ist möglich. Auf der gesundheitlichen Ebene besteht die Neigung zu Allergien, Drogenproblemen und ansteckenden Krankheiten.

MA/PL
Dies kann eine Zeit sein, in der Sie auf Ihre Kraft- und Mutreserven zurückgreifen müssen, von deren Existenz Sie nicht einmal wussten. Sie können Außergewöhnliches leisten und wollen Ihre Ziele um jeden Preis erreichen. Daher können Sie leicht vergessen, wo die Grenze Ihrer Belastbarkeit ist.

MA/AS
Dies kann eine handlungsreiche Zeit sein, in der Sie sich zu einer willensstarken Person entwickeln können. Sie haben die Fähigkeit, Konflikte und Widerstände in Ihrer Umgebung auszuhalten.

MA/MC
Eine arbeitsreiche Periode und klare Zielvorstellungen im Berufsleben oder vielleicht eine Zeit, in der Sie sich in der Welt behaupten können.

MA/NN
Möglicherweise verbinden Sie sich aus beruflichen Gründen mit Bekannten, Gruppen und Verbänden oder gründen eine Arbeitsgemeinschaft. Auch im privaten Bereich liegt die Betonung auf Aktivitäten mit Freunden und Bekannten.

JU/SA
Sie streben nach Expansion. Doch nur durch Geduld und Vorsicht kann ein Wachstum auf der materiellen Ebene erreicht werden. Achten Sie darauf, dass Sie nicht zwischen extremem Optimismus und Pessimismus schwanken.

JU/UR
Sie haben einen starken Wunsch nach Freiheit und wollen aus alten Zwängen und Beschränkungen ausbrechen. Ein plötzlicher Wechsel kann mit plötzlichem Glück oder Unglück zusammenhängen.

JU/NE
Sie neigen dazu, etwas zu optimistisch zu sein, und laufen daher Gefahr, unkalkulierbare Risiken, wie zum Beispiel Glücksspiele, einzugehen.

JU/PL
Sie können außerordentliche Kräfte entwickeln und dadurch erfolgreich Ihre lang ersehnten Ziele erreichen. Wenn diese Halbsumme aspektiert wird, kann eine bedeutungsvolle Phase des Erfolgs auf Sie zukommen.

JU/AS
Sie sind in der Lage, sich zu einer erfolgsorientierten Persönlichkeit zu entwickeln. Sie gehen Beziehungen ein, die Ihnen Glück bringen und Ihnen Wachstum und Expansion auf vielen Ebenen ermöglichen. Sie sind voller Optimismus und Lebensfreude, sollten jedoch darauf achten, sich nicht zu leichtsinnigen Taten hinreißen zu lassen.

JU/MC
Sie fühlen sich zu größeren Dimensionen und höheren Aufgaben hingezogen, die Ihnen persönliches Wachstum bringen und Sie der Erreichung Ihrer Ziele näher bringt.

JU/NN
Das ist die Chance, vielversprechende neue Freundschaften einzugehen, die Ihnen bei der Erreichung Ihrer Ziele helfen können.

SA/UR
Ihr Zwiespalt zwischen Beschränkung und Freiheitsdrang kann zu plötzlichen Trennungen von Menschen oder Umständen führen, die Sie zu sehr eingeengt haben.

SA/NE
Sie haben die Fähigkeit, Ihre Träume und Ideale zu konkretisieren. Achten Sie jedoch darauf, Wirkliches nicht mit Unwirklichem zu verwechseln. Auf der Ebene der Gesundheit können chronische, nicht ansteckende Krankheiten auftreten.

SA/PL
Es gelingt Ihnen, außergewöhnliche Schwierigkeiten zu überwinden und dabei als Sieger hervorzugehen. Sie setzen sich mit Umständen, die zu starr oder beschränkend geworden sind, notfalls gewaltsam auseinander.

SA/AS
Es fällt Ihnen schwer, enge Beziehungen einzugehen. Sie haben nur wenige Beziehungen oder Freundschaften, diese sind dafür aber umso intensiver. Möglicherweise fühlen Sie sich eher zu älteren Menschen hingezogen.

SA/MC
Sie haben eine klare Vorstellung von Ihrem Lebensweg und weichen nicht von Ihren Idealen und Ideen ab. Ihr Gefühl, anders als die anderen zu sein, kann zu Entfremdung führen.

SA/NN
Sie neigen dazu, sich einzuigeln und sich von anderen zu dis-

tanzieren. Dies kann zu Trennungen in Freundschaften oder Beziehungen führen. Sie könnten in Beziehungen treten, die mit Beschränkung oder Disziplin zu tun haben.

UR/NE
Ihre Ideale, Ihre Fantasie, Ihre Kreativität und Ihr Ideengeist werden stimuliert. Sie könnten sich in Träume, Wünsche oder Hoffnungen verrennen oder einer Fata Morgana nachlaufen.

UR/PL
Es kann einen starken Impuls geben, Ihre Lebenssituation dramatisch und radikal zu ändern.

UR/AS
Dies kann unvorhergesehene Änderungen in Ihrer Lebenssituation bewirken. Möglicherweise gehen Sie Beziehungen zu ungewöhnlichen Menschen ein. Ihre Beziehungen tendieren dazu, ebenso plötzlich zu enden, wie sie entstanden sind.

UR/MC
Sie haben einen starken Drang nach Unabhängigkeit und danach, Ihren eigenen Weg zu gehen. Es kann unerwartete Gelegenheiten in Ihrem Beruf, Ihrer Karriere oder Ihrem Status im Leben geben. Ein Berufswechsel ist möglich. Sie ziehen Menschen an, die einen ungewöhnlichen Beruf haben oder im wissenschaftlichen oder technischen Bereich arbeiten.

UR/NN
Sie schließen unerwartete oder ungewöhnliche Freundschaften und Bekanntschaften, deren Beziehungen zu Ihnen genauso plötzlich enden können, wie sie entstanden sind.

NE/PL
Subtile Einflüsse können die Notwendigkeit zeigen, Ihre Ideale und Inspirationen zu überdenken.

NE/AS
Sie haben eine sehr idealistische Einstellung zu Beziehungen und neigen dazu, Beziehungen einzugehen, die unehrlich sind oder nicht halten, was sie versprechen. Droht eine Egoauflösung?

NE/MC
Wenn diese Halbsumme aktiviert ist, sollten Sie nicht so viel unternehmen, weil Sie sich unsicher fühlen und Ihnen häufig die nötige Klarheit fehlt, um Entscheidungen zu treffen. Sie sollten besser abwarten und immer wieder prüfen, ob Sie nicht falschen Ideen nachlaufen. Es kann zu Enttäuschungen und Verlusten kommen.

NE/NN
Von anderen Menschen oder Verbindungen machen Sie sich häufig falsche Vorstellungen und können dadurch enttäuscht werden.

PL/AS
Sie haben den starken Drang, sich in Ihrer Umwelt durchzusetzen und im Berufsleben oder im Freundeskreis den Ton anzugeben. Durch Ihr Verhalten werden Widerstände und Widersprüche von anderen hervorgerufen. Imagewechsel.

PL/MC
Durch einen ungewöhnlichen Arbeitseinsatz können hier ungewöhnliche Ziele erreicht werden. Es ist möglich, beruflich einen großen Schritt vorwärtszukommen. Statuswechsel und zugleich Änderung der Familienstruktur.

PL/NN
Verbindungen mit mächtigen oder charismatischen Menschen, die von besonderer Bedeutung für Ihren weiteren Lebensweg sein können oder die zu Machtkämpfen mit anderen führen können, sind angesagt.

AS/MC
Dies ist ein sehr wichtiger Punkt im Horoskop, der Ihre Haltung zu anderen anzeigt. Hier können Sie anderen zeigen, wie Sie wirklich sind oder was Sie wirklich im Leben suchen.

AS/NN
Dieser Punkt zeigt persönliche Verbindungen an, wie zum Beispiel zu Eltern, Freunden oder Verwandtschaft. Es handelt sich hier jedoch nicht um intime Verbindungen.

MC/NN
Diese Verbindung kann Ihr Bedürfnis anzeigen, neue Freunde und Bekannte in Ihrem Berufsleben kennenzulernen, die möglicherweise einen Einfluss auf Ihren Werdegang haben werden.

Anhang

Astrologische Würden

Planeten als Herrscher der Tierkreiszeichen

Zusatz-herrscher	Tag-zeichen	Haupt-herrscher	Nacht-zeichen	Zusatz-herrscher
	♌ Löwe	☉ Sonne		
		☽ Mond	♋ Krebs	
	♊ Zwilling	☿ Merkur	♍ Jungfrau	
	♎ Waage	♀ Venus	♉ Stier	
	♈ Widder	♂ Mars	♏ Skorpion	♇ Pluto
	♐ Schütze	♃ Jupiter	♓ Fische	♆ Neptun
♅ Uranus	♒ Wasserm.	♄ Saturn	♑ Steinbock	

Gegenüber vom beherrschten Zeichen stehen die Planeten im Exil. Für die Entfaltung ihrer eigenen Qualität ist die Ferne ungünstig.

Die Planeten im Tierkreiszeichen ihrer Erhöhung

☉ Sonne	♈ Widder
☽ Mond	♉ Stier
☿ Merkur	♍ Jungfrau
♀ Venus	♓ Fische
♂ Mars	♑ Steinbock
♃ Jupiter	♋ Krebs
♄ Saturn	♎ Waage

Planeten werden in der Erhöhung bei der Entfaltung ihrer eigenen Qualität unterstützt. Im gegenüberliegenden Zeichen sind sie im Fall und werden behindert.

Planeten in ihren Freuden / akzidentelle Würden

Tagplaneten			Nachtplaneten	
☉ Sonne	Haus 9	Wohltäter	☽ Mond	Haus 3
♃ Jupiter	Haus 11	Wohltäter	♀ Venus	Haus 5
♄ Saturn	Haus 12	Übeltäter	♂ Mars	Haus 6
☿ Merkur	Haus 1	Neutral	bei Aufgang	vor der ☉
bei Aufgang	nach der ☉	Neutral	☿ Merkur	Haus 1

Tagplaneten in Taghoroskop, Taghälfte und Tagzeichen stehen im Hayz (arab. = Glanz), ebenso Nachtplaneten in NNN. Tagplaneten in NNN oder Nachtplaneten in TTT stehen ex conditio.

Abkürzungen und Symbole

SO	☉	Sonne	MO	☽	Mond
ME	☿	Merkur	VE	♀	Venus
MA	♂	Mars	JU	♃	Jupiter
SA	♄	Saturn	UR	♅	Uranus
NE	♆	Neptun	PL	♇	Pluto
AS	Asc	Aszendent	MC	Mc	Medium Coeli
MK	☊	Mondknoten		℞	Rückläufig

Herausfordernde Aspekte

Kon	☌	0	Konjunktion
Opp	☍	180	Opposition
Qua	□	90	Quadrat
Qdc	A	165	Quindecile
Hqu	∠	45	Halbquadrat
Eeq	⚼	135	Anderthalbquadrat

Harmonische Aspekte

Tri	△	120	Trigon
Sex	⚹	60	Sextil

Bewusstwerdungsaspekte

Hsx	⚺	30	Halbsextil
Qkx	⚻	150	Quinkunx

Kreativitätsaspekte

Qui	Q	72	Quintil
Bqu	Bq	144	Biquintil

Die klassischen Hauptaspekte sind die starken Winkel von 0, 60, 90, 120 und 180 Grad.

AS = SO/MO Aszendent in der Halbsumme (der Mitte) zwischen Sonne und Mond

☉ r = Sonne Radix

☉ t = Sonne transitierend

☉ d = Sonne dirigiert

☉ p = Sonne progressiv

Bibliografie

Stephen Arroyo, *Astrologie Karma und Transformation*, München 1991

Charles O. Carter, *Symbolische Direktionen*, München-Planegg 1920

Reinhold Ebertin, *Kombination der Gestirnseinflüsse – KdG*, Tübingen 2002

Dr. Baldur Ebertin, *Vom kosmischen Symbol zur ganzheitlichen Deutung*, Freiburg 1998

Fankhauser, *Horoskopie*, Zürich 1946

Frickler, *Ausklänge – Symbole*; Pinneberg 1993

Robert Hand, *Transite*, München 2000

Isabel Hickey, *Astrologie – eine kosmische Wissenschaft*, Bad Oldesloe 1995

Koch, *Aspektlehre nach Kepler*, Hamburg 1950

Dr. Theodor Landscheidt, *Astrologie – Hoffnung auf eine Wissenschaft*, Tübingen 2005

dslb., *Wir sind Kinder des Lichts*, Freiburg 1987

Marion March & Joan McEvers, *Lehrbuch der astrologischen Prognose*, Freiburg 1987

Noel Tyl, *Ganzheitsastrologie*, Freiburg 1980

dslb., *Solar Arcs*, St. Paul, MN 2001

dslb., *Synthesis and Counseling in Astrology*, St. Paul, MN 1998

Ernst Günter Paris, *Schlüssel zur Prognose*, München 1983

Dane & Layla Rudhyar, *Der Sonne-Mond-Zyklus*, Wettswil 1988

Alexander Ruperti, *Kosmische Zyklen*, Tübingen 2005

Howard Sasportas, *Aszendenten und Häuser*, München 2000

dslb., Uranus, *Neptun und Pluto im Transit*, Tübingen 2005

Dr. Christoph Schubert-Weller, *Geburtszeit-Korrektur*, Tübingen 2005

Gustav Schwickert, *Die Korrektur der Geburtszeit*, Hamburg o. J.

Sowie Seminarinhalte von Henri Latou, dem französischen Übersetzer der KdG, sowie Christian Borup, Darby Costello und Michael Lutin.

Über den Autor

Klaus W. Bonert (1944) übt seit über 30 Jahren die Astrologie aus und unterrichtet seit 25 Jahren als Pionier einer ganzheitlichen Astrologie in Hamburg. 1983 gründete er den Astron Verlag, in dem er vor allem Software und Ephemeriden vertreibt. In Hamburg organisiert er seit Jahren Veranstaltungen mit international bekannten Referenten. Er hält Vorträge in Belgien, Dänemark, den Niederlanden und den USA und gilt als einer der besten Kenner der Sonnenbogendirektionen im deutschsprachigen Raum.

Anschrift:
Astron Verlag
Herrn Klaus W. Bonert
Peter Marquard Str. 4A
22303 Hamburg
Tel. 040 – 2701908
www.astron-bonert.com

Übersichtliche monatliche Hand-Ephemeride der langsamlaufenden Planeten

Jupiter bis Pluto

1930 – 2030
Mitternacht Weltzeit

GMT +0:00 Tropical Geocentric Long	Jupiter ♃	Saturn ♄	Uranus ♅	Neptune ♆	Pluto ♇
1 Jan 1930	07°♊52' ℞	03°♑42'	07°♈32'	03°♍24' ℞	18°♋43' ℞
1 Feb 1930	06°♊21' D	07°♑12'	08°♈19'	02°♍46'	18°♋04'
1 Mar 1930	07°♊41'	09°♑47'	09°♈34'	02°♍00'	17°♋37'
1 Apr 1930	11°♊43'	11°♑32'	11°♈17'	01°♍14'	17°♋26' D
1 May 1930	17°♊18'	11°♑48' ℞	12°♈57'	00°♍49'	17°♋37'
1 Jun 1930	24°♊03'	10°♑38'	14°♈22'	00°♍53' D	18°♋08'
1 Jul 1930	00°♋55'	08°♑35'	15°♈12'	01°♍26'	18°♋51'
1 Aug 1930	07°♋47'	06°♑28'	15°♈19' ℞	02°♍21'	19°♋40'
1 Sep 1930	13°♋50'	05°♑19'	14°♈43'	03°♍29'	20°♋22'
1 Oct 1930	18°♋14'	05°♑37' D	13°♈38'	04°♍32'	20°♋47'
1 Nov 1930	20°♋25'	07°♑22'	12°♈25'	05°♍23'	20°♋52' ℞
1 Dec 1930	19°♋39' ℞	10°♑10'	11°♈37'	05°♍46'	20°♋35'
1 Jan 1931	16°♋14'	13°♑42'	11°♈29' D	05°♍38' ℞	20°♋00'
1 Feb 1931	12°♋19'	17°♑19'	12°♈10'	05°♍01'	19°♋21'
1 Mar 1931	10°♋30'	20°♑11'	13°♈21'	04°♍16'	18°♋53'
1 Apr 1931	11°♋24' D	22°♑25'	15°♈02'	03°♍29'	18°♋41'
1 May 1931	14°♋50'	23°♑16'	16°♈43'	03°♍02'	18°♋51' D
1 Jun 1931	20°♋11'	22°♑38' ℞	18°♈12'	03°♍04' D	19°♋22'
1 Jul 1931	26°♋24'	20°♑51'	19°♈07'	03°♍34'	20°♋05'
1 Aug 1931	03°♌15'	18°♑37'	19°♈21' ℞	04°♍28'	20°♋53'
1 Sep 1931	09°♌58'	16°♑59'	18°♈50'	05°♍36'	21°♋36'
1 Oct 1931	15°♌46'	16°♑42' D	17°♈48'	06°♍40'	22°♋03'
1 Nov 1931	20°♌19'	17°♑56'	16°♈34'	07°♍32'	22°♋09' ℞
1 Dec 1931	22°♌30'	20°♑23'	15°♈41'	07°♍57'	21°♋52'
1 Jan 1932	21°♌49' ℞	23°♑45'	15°♈27' D	07°♍51' ℞	21°♋18'
1 Feb 1932	18°♌31'	27°♑25'	16°♈01'	07°♍17'	20°♋39'
1 Mar 1932	14°♌51'	00°♒36'	17°♈11'	06°♍30'	20°♋10'
1 Apr 1932	12°♌41'	03°♒14'	18°♈51'	05°♍43'	19°♋57'
1 May 1932	13°♌22' D	04°♒36'	20°♈33'	05°♍15'	20°♋06' D
1 Jun 1932	16°♌39'	04°♒31' ℞	22°♈04'	05°♍15' D	20°♋37'
1 Jul 1932	21°♌35'	03°♒05'	23°♈04'	05°♍44'	21°♋20'
1 Aug 1932	27°♌48'	00°♒52'	23°♈23' ℞	06°♍38'	22°♋09'
1 Sep 1932	04°♍29'	28°♑54'	22°♈57'	07°♍44'	22°♋53'
1 Oct 1932	10°♍52'	28°♑07'	21°♈57'	08°♍49'	23°♋20'
1 Nov 1932	16°♍45'	28°♑49' D	20°♈42'	09°♍42'	23°♋26' ℞
1 Dec 1932	21°♍03'	00°♒53'	19°♈46'	10°♍08'	23°♋10'

GMT +0:00 Tropical Geocentric Long	Jupiter ♃	Saturn ♄	Uranus ♅	Neptune ♆	Pluto ♇
1 Jan 1933	23°♍11'	04°♒02'	19°♈26'	10°♍04' ℞	22°♋36' ℞
1 Feb 1933	22°♍21' ℞	07°♒40'	19°♈56'	09°♍31'	21°♋57'
1 Mar 1933	19°♍25'	10°♒55'	21°♈00'	08°♍47'	21°♋28'
1 Apr 1933	15°♍33'	13°♒56'	22°♈37'	07°♍58'	21°♋14'
1 May 1933	13°♍25'	15°♒49'	24°♈19'	07°♍29'	21°♋22' D
1 Jun 1933	13°♍58' D	16°♒21' ℞	25°♈54'	07°♍26' D	21°♋52'
1 Jul 1933	16°♍59'	15°♒26'	26°♈59'	07°♍53'	22°♋35'
1 Aug 1933	21°♍56'	13°♒24'	27°♈24'	08°♍45'	23°♋25'
1 Sep 1933	28°♍03'	11°♒11'	27°♈04' ℞	09°♍51'	24°♋09'
1 Oct 1933	04°♎28'	09°♒52'	26°♈08'	10°♍56'	24°♋37'
1 Nov 1933	11°♎02'	09°♒58' D	24°♈54'	11°♍50'	24°♋45' ℞
1 Dec 1933	16°♎43'	11°♒32'	23°♈53'	12°♍19'	24°♋30'
1 Jan 1934	21°♎05'	14°♒23'	23°♈27'	12°♍18' ℞	23°♋56'
1 Feb 1934	23°♎08'	17°♒56'	23°♈50' D	11°♍47'	23°♋16'
1 Mar 1934	22°♎27' ℞	21°♒16'	24°♈50'	11°♍03'	22°♋47'
1 Apr 1934	19°♎18'	24°♒36'	26°♈24'	10°♍14'	22°♋31'
1 May 1934	15°♎37'	26°♒59'	28°♈06'	09°♍42'	22°♋39' D
1 Jun 1934	13°♎24'	28°♒08'	29°♈44'	09°♍37' D	23°♋08'
1 Jul 1934	13°♎53' D	27°♒47' ℞	00°♉54'	10°♍01'	23°♋51'
1 Aug 1934	16°♎55'	26°♒06'	01°♉26'	10°♍52'	24°♋41'
1 Sep 1934	21°♎53'	23°♒48'	01°♉12' ℞	11°♍57'	25°♋26'
1 Oct 1934	27°♎49'	22°♒02'	00°♉20'	13°♍03'	25°♋55'
1 Nov 1934	04°♏31'	21°♒31' D	29°♈06'	13°♍59'	26°♋04' ℞
1 Dec 1934	10°♏56'	22°♒32'	28°♈02'	14°♍30'	25°♋50'
1 Jan 1935	16°♏50'	24°♒59'	27°♈30'	14°♍31' ℞	25°♋17'
1 Feb 1935	21°♏13'	28°♒22'	27°♈46' D	14°♍02'	24°♋37'
1 Mar 1935	23°♏10'	01°♓44'	28°♈41'	13°♍18'	24°♋07'
1 Apr 1935	22°♏33' ℞	05°♓19'	00°♉12'	12°♍29'	23°♋50'
1 May 1935	19°♏34'	08°♓07'	01°♉54'	11°♍56'	23°♋57' D
1 Jun 1935	15°♏46'	09°♓52'	03°♉34'	11°♍48' D	24°♋25'
1 Jul 1935	13°♏35'	10°♓09' ℞	04°♉49'	12°♍10'	25°♋08'
1 Aug 1935	14°♏02' D	08°♓57'	05°♉28'	12°♍59'	25°♋58'
1 Sep 1935	17°♏06'	06°♓46'	05°♉20' ℞	14°♍03'	26°♋43'
1 Oct 1935	21°♏58'	04°♓40'	04°♉33'	15°♍09'	27°♋14'
1 Nov 1935	28°♏14'	03°♓32'	03°♉20'	16°♍07'	27°♋24' ℞
1 Dec 1935	04°♐51'	03°♓58' D	02°♉13'	16°♍40'	27°♋11'

GMT +0:00 Tropical Geocentric Long	Jupiter ♃	Saturn ♄	Uranus ♅	Neptune ♆	Pluto ♇
1 Jan 1936	11°♐39'	05°♓56'	01°♉35' ℞	16°♍44' ℞	26°♋39' ℞
1 Feb 1936	17°♐41'	09°♓02'	01°♉44' D	16°♍16'	25°♋58'
1 Mar 1936	21°♐57'	12°♓30'	02°♉36'	15°♍32'	25°♋26'
1 Apr 1936	24°♐17'	16°♓14'	04°♉05'	14°♍43'	25°♋10'
1 May 1936	23°♐47' ℞	19°♓22'	05°♉47'	14°♍08'	25°♋16' D
1 Jun 1936	20°♐46'	21°♓39'	07°♉28'	13°♍59' D	25°♋44'
1 Jul 1936	17°♐05'	22°♓31'	08°♉46'	14°♍20'	26°♋26'
1 Aug 1936	14°♐45'	21°♓53' ℞	09°♉30'	15°♍07'	27°♋17'
1 Sep 1936	15°♐13' D	19°♓57'	09°♉28' ℞	16°♍12'	28°♋03'
1 Oct 1936	18°♐16'	17°♓42'	08°♉44'	17°♍18'	28°♋34'
1 Nov 1936	23°♐26'	16°♓04'	07°♉32'	18°♍16'	28°♋45' ℞
1 Dec 1936	29°♐41'	15°♓54' D	06°♉23'	18°♍50'	28°♋33'
1 Jan 1937	06°♑45'	17°♓21'	05°♉41'	18°♍56' ℞	28°♋00'
1 Feb 1937	13°♑45'	20°♓08'	05°♉45' D	18°♍30'	27°♋20'
1 Mar 1937	19°♑26'	23°♓21'	06°♉30'	17°♍48'	26°♋48'
1 Apr 1937	24°♑21'	27°♓10'	07°♉56'	16°♍58'	26°♋30'
1 May 1937	26°♑59'	00°♈36'	09°♉36'	16°♍22'	26°♋35' D
1 Jun 1937	26°♑53' ℞	03°♈23'	11°♉20'	16°♍10' D	27°♋02'
1 Jul 1937	24°♑12'	04°♈54'	12°♉42'	16°♍29'	27°♋45'
1 Aug 1937	20°♑19'	04°♈57' ℞	13°♉32'	17°♍14'	28°♋35'
1 Sep 1937	17°♑45'	03°♈29'	13°♉37' ℞	18°♍17'	29°♋23'
1 Oct 1937	17°♑56' D	01°♈15'	12°♉59'	19°♍24'	29°♋55'
1 Nov 1937	20°♑58'	29°♓10'	11°♉49'	20°♍23'	00°♌07' ℞
1 Dec 1937	26°♑01'	28°♓21'	10°♉38'	21°♍00'	29°♋56'
1 Jan 1938	02°♒38'	29°♓09' D	09°♉50'	21°♍08' ℞	29°♋24'
1 Feb 1938	09°♒54'	01°♈28'	09°♉47' D	20°♍44'	28°♋43'
1 Mar 1938	16°♒27'	04°♈29'	10°♉27'	20°♍03'	28°♋11'
1 Apr 1938	23°♒06'	08°♈17'	11°♉48'	19°♍12'	27°♋52'
1 May 1938	28°♒16'	11°♈57'	13°♉28'	18°♍35'	27°♋55' D
1 Jun 1938	01°♓34'	15°♈10'	15°♉13'	18°♍21' D	28°♋22'
1 Jul 1938	02°♓06' ℞	17°♈17'	16°♉39'	18°♍37'	29°♋04'
1 Aug 1938	29°♒47'	18°♈02' ℞	17°♉35'	19°♍21'	29°♋55'
1 Sep 1938	25°♒52'	17°♈11'	17°♉47' ℞	20°♍23'	00°♌43'
1 Oct 1938	22°♒56'	15°♈11'	17°♉14'	21°♍29'	01°♌17'
1 Nov 1938	22°♒40' D	12°♈50'	16°♉07'	22°♍30'	01°♌30'
1 Dec 1938	25°♒19'	11°♈24'	14°♉55'	23°♍09'	01°♌20' ℞

GMT +0:00 Tropical Geocentric Long	Jupiter ♃	Saturn ♄	Uranus ♅	Neptune ♆	Pluto ♇
1 Jan 1939	00°♓25'	11°♈29'	14°♉01' ℞	23°♍19' ℞	00°♌49' ℞
1 Feb 1939	07°♓03'	13°♈15'	13°♉52' D	22°♍58'	00°♌08'
1 Mar 1939	13°♓42'	15°♈57'	14°♉26'	22°♍18'	29°♋35'
1 Apr 1939	21°♓08'	19°♈39'	15°♉42'	21°♍27'	29°♋15'
1 May 1939	27°♓51'	23°♈25'	17°♉20'	20°♍48'	29°♋17' D
1 Jun 1939	03°♈39'	26°♈59'	19°♉07'	20°♍32'	29°♋43'
1 Jul 1939	07°♈27'	29°♈38'	20°♉36'	20°♍46' D	00°♌24'
1 Aug 1939	08°♈47' ℞	01°♉07'	21°♉39'	21°♍27'	01°♌16'
1 Sep 1939	07°♈03'	00°♉59' ℞	21°♉57' ℞	22°♍29'	02°♌04'
1 Oct 1939	03°♈20'	29°♈25'	21°♉31'	23°♍35'	02°♌39'
1 Nov 1939	29°♓50'	27°♈01'	20°♉27'	24°♍37'	02°♌54'
1 Dec 1939	28°♓56' D	25°♈04'	19°♉13'	25°♍18'	02°♌45' ℞
1 Jan 1940	01°♈09'	24°♈25' D	18°♉15'	25°♍30' ℞	02°♌15'
1 Feb 1940	05°♈57'	25°♈31'	17°♉59' D	25°♍11'	01°♌34'
1 Mar 1940	11°♈57'	27°♈53'	18°♉29'	24°♍31'	00°♌59'
1 Apr 1940	19°♈12'	01°♉23'	19°♉41'	23°♍40'	00°♌38'
1 May 1940	26°♈25'	05°♉10'	21°♉18'	23°♍00'	00°♌40' D
1 Jun 1940	03°♉29'	08°♉58'	23°♉05'	22°♍43'	01°♌06'
1 Jul 1940	09°♉22'	12°♉04'	24°♉37'	22°♍55' D	01°♌47'
1 Aug 1940	13°♉46'	14°♉10'	25°♉44'	23°♍36'	02°♌39'
1 Sep 1940	15°♉39'	14°♉45' ℞	26°♉08'	24°♍36'	03°♌28'
1 Oct 1940	14°♉31' ℞	13°♉45'	25°♉47' ℞	25°♍42'	04°♌04'
1 Nov 1940	10°♉54'	11°♉32'	24°♉46'	26°♍45'	04°♌20'
1 Dec 1940	07°♉11'	09°♉15'	23°♉32'	27°♍27'	04°♌11' ℞
1 Jan 1941	05°♉40' D	07°♉57'	22°♉30'	27°♍41' ℞	03°♌41'
1 Feb 1941	07°♉22'	08°♉21' D	22°♉09' D	27°♍23'	03°♌00'
1 Mar 1941	11°♉14'	10°♉08'	22°♉32'	26°♍46'	02°♌26'
1 Apr 1941	17°♉14'	13°♉17'	23°♉40'	25°♍55'	02°♌04'
1 May 1941	23°♉59'	16°♉59'	25°♉14'	25°♍14'	02°♌05' D
1 Jun 1941	01°♊17'	20°♉56'	27°♉01'	24°♍54'	02°♌29'
1 Jul 1941	08°♊06'	24°♉24'	28°♉37'	25°♍04' D	03°♌10'
1 Aug 1941	14°♊19'	27°♉06'	29°♉49'	25°♍42'	04°♌02'
1 Sep 1941	19°♊00'	28°♉27'	00°♊20'	26°♍42'	04°♌52'
1 Oct 1941	21°♊18'	28°♉10' ℞	00°♊05' ℞	27°♍48'	05°♌29'
1 Nov 1941	20°♊39' ℞	26°♉23'	29°♉08'	28°♍52'	05°♌46'
1 Dec 1941	17°♊25'	24°♉00'	27°♉55'	29°♍35'	05°♌39' ℞

GMT +0:00 Tropical Geocentric Long	Jupiter ♃	Saturn ♄	Uranus ♅	Neptune ♆	Pluto ♇
1 Jan 1942	13°♊25' ℞	22°♉05' ℞	26°♉49' ℞	29°♍52'	05°♌10' ℞
1 Feb 1942	11°♊25'	21°♉42' D	26°♉21'	29°♍37' ℞	04°♌29'
1 Mar 1942	12°♊18' D	22°♉51'	26°♉37' D	29°♍01'	03°♌54'
1 Apr 1942	15°♊55'	25°♉32'	27°♉40'	28°♍10'	03°♌30'
1 May 1942	21°♊16'	29°♉00'	29°♉11'	27°♍28'	03°♌30' D
1 Jun 1942	27°♊52'	02°♊59'	00°♊58'	27°♍06'	03°♌54'
1 Jul 1942	04°♋41'	06°♊42'	02°♊37'	27°♍13' D	04°♌34'
1 Aug 1942	11°♋35'	09°♊55'	03°♊54'	27°♍49'	05°♌26'
1 Sep 1942	17°♋47'	11°♊59'	04°♊33'	28°♍48'	06°♌17'
1 Oct 1942	22°♋25'	12°♊29' ℞	04°♊24' ℞	29°♍54'	06°♌55'
1 Nov 1942	25°♋00'	11°♊20'	03°♊32'	00°♎58'	07°♌14'
1 Dec 1942	24°♋40' ℞	09°♊06'	02°♊20'	01°♎44'	07°♌08' ℞
1 Jan 1943	21°♋34'	06°♊46'	01°♊10'	02°♎03'	06°♌40'
1 Feb 1943	17°♋33'	05°♊36'	00°♊35'	01°♎50' ℞	05°♌59'
1 Mar 1943	15°♋22'	06°♊04' D	00°♊46' D	01°♎15'	05°♌23'
1 Apr 1943	15°♋48' D	08°♊07'	01°♊42'	00°♎25'	04°♌59'
1 May 1943	18°♋51'	11°♊15'	03°♊10'	29°♍42'	04°♌57' D
1 Jun 1943	23°♋57'	15°♊08'	04°♊57'	29°♍18'	05°♌20'
1 Jul 1943	00°♌01'	18°♊59'	06°♊38'	29°♍23' D	06°♌00'
1 Aug 1943	06°♌48'	22°♊36'	08°♊00'	29°♍57'	06°♌52'
1 Sep 1943	13°♌33'	25°♊17'	08°♊45'	00°♎53'	07°♌44'
1 Oct 1943	19°♌28'	26°♊33'	08°♊44' ℞	01°♎59'	08°♌23'
1 Nov 1943	24°♌15'	26°♊10' ℞	07°♊58'	03°♎05'	08°♌43'
1 Dec 1943	26°♌47'	24°♊21'	06°♊46'	03°♎52'	08°♌39' ℞
1 Jan 1944	26°♌31' ℞	21°♊51'	05°♊34'	04°♎14'	08°♌11'
1 Feb 1944	23°♌30'	20°♊02'	04°♊52'	04°♎03' ℞	07°♌30'
1 Mar 1944	19°♌46'	19°♊45' D	04°♊57' D	03°♎29'	06°♌53'
1 Apr 1944	17°♌15'	21°♊09'	05°♊49'	02°♎39'	06°♌28'
1 May 1944	17°♌31' D	23°♊51'	07°♊14'	01°♎55'	06°♌26' D
1 Jun 1944	20°♌27'	27°♊30'	09°♊00'	01°♎29'	06°♌48'
1 Jul 1944	25°♌09'	01°♋23'	10°♊43'	01°♎33' D	07°♌28'
1 Aug 1944	01°♍13'	05°♋14'	12°♊09'	02°♎06'	08°♌20'
1 Sep 1944	07°♍52'	08°♋24'	13°♊00'	03°♎02'	09°♌13'
1 Oct 1944	14°♍17'	10°♋19'	13°♊04' ℞	04°♎07'	09°♌53'
1 Nov 1944	20°♍17'	10°♋42' ℞	12°♊22'	05°♎13'	10°♌14'
1 Dec 1944	24°♍48'	09°♋27'	11°♊12'	06°♎01'	10°♌10' ℞

GMT +0:00 Tropical Geocentric Long	Jupiter ♃	Saturn ♄	Uranus ♅	Neptune ♆	Pluto ♇
1 Jan 1945	27°♍17'	07°♋04' ℞	09°♊58' ℞	06°♎25'	09°♌43' ℞
1 Feb 1945	26°♍52' ℞	04°♋48'	09°♊12'	06°♎16' ℞	09°♌02'
1 Mar 1945	24°♍10'	03°♋51'	09°♊10' D	05°♎43'	08°♌26'
1 Apr 1945	20°♍15'	04°♋27' D	09°♊56'	04°♎54'	07°♌59'
1 May 1945	17°♍48'	06°♋33'	11°♊17'	04°♎09'	07°♌55' D
1 Jun 1945	17°♍58' D	09°♋51'	13°♊02'	03°♎42'	08°♌16'
1 Jul 1945	20°♍39'	13°♋36'	14°♊46'	03°♎43' D	08°♌56'
1 Aug 1945	25°♍23'	17°♋35'	16°♊17'	04°♎13'	09°♌49'
1 Sep 1945	01°♎22'	21°♋09'	17°♊14'	05°♎08'	10°♌42'
1 Oct 1945	07°♎45'	23°♋41'	17°♊25' ℞	06°♎13'	11°♌23'
1 Nov 1945	14°♎22'	24°♋52'	16°♊50'	07°♎19'	11°♌46'
1 Dec 1945	20°♎10'	24°♋21' ℞	15°♊42'	08°♎10'	11°♌44' ℞
1 Jan 1946	24°♎48'	22°♋21'	14°♊26'	08°♎35'	11°♌17'
1 Feb 1946	27°♎11'	19°♋51'	13°♊34'	08°♎29' ℞	10°♌36'
1 Mar 1946	26°♎52' ℞	18°♋17'	13°♊26' D	07°♎58'	09°♌59'
1 Apr 1946	24°♎00'	18°♋04' D	14°♊05'	07°♎09'	09°♌31'
1 May 1946	20°♎15'	19°♋29'	15°♊21'	06°♎23'	09°♌27' D
1 Jun 1946	17°♎44'	22°♋17'	17°♊05'	05°♎54'	09°♌46'
1 Jul 1946	17°♎50' D	25°♋48'	18°♊50'	05°♎53' D	10°♌25'
1 Aug 1946	20°♎33'	29°♋47'	20°♊25'	06°♎21'	11°♌18'
1 Sep 1946	25°♎18'	03°♌36'	21°♊29'	07°♎14'	12°♌12'
1 Oct 1946	01°♏08'	06°♌37'	21°♊47' ℞	08°♎19'	12°♌54'
1 Nov 1946	07°♏49'	08°♌31'	21°♊18'	09°♎26'	13°♌19'
1 Dec 1946	14°♏17'	08°♌47' ℞	20°♊14'	10°♎18'	13°♌18' ℞
1 Jan 1947	20°♏21'	07°♌23'	18°♊57'	10°♎46'	12°♌53'
1 Feb 1947	25°♏00'	04°♌58'	17°♊59'	10°♎42' ℞	12°♌12'
1 Mar 1947	27°♏16'	02°♌57'	17°♊45' D	10°♎13'	11°♌35'
1 Apr 1947	27°♏05' ℞	01°♌57'	18°♊16'	09°♎24'	11°♌05'
1 May 1947	24°♏21'	02°♌36' D	19°♊28'	08°♎38'	10°♌59' D
1 Jun 1947	20°♏31'	04°♌48'	21°♊09'	08°♎07'	11°♌18'
1 Jul 1947	18°♏01'	07°♌58'	22°♊56'	08°♎03' D	11°♌56'
1 Aug 1947	18°♏04' D	11°♌49'	24°♊34'	08°♎29'	12°♌49'
1 Sep 1947	20°♏50'	15°♌45'	25°♊44'	09°♎20'	13°♌43'
1 Oct 1947	25°♏29'	19°♌08'	26°♊10'	10°♎24'	14°♌27'
1 Nov 1947	01°♐39'	21°♌39'	25°♊48' ℞	11°♎32'	14°♌53'
1 Dec 1947	08°♐16'	22°♌39'	24°♊48'	12°♎25'	14°♌54' ℞

GMT +0:00 Tropical Geocentric Long	Jupiter ♃	Saturn ♄	Uranus ♅	Neptune ♆	Pluto ♇
1 Jan 1948	15°♐08'	21°♌59' ℞	23°♊30' ℞	12°♎56'	14°♌30' ℞
1 Feb 1948	21°♐21'	19°♌54'	22°♊27'	12°♎54' ℞	13°♌50'
1 Mar 1948	25°♐53'	17°♌36'	22°♊06' D	12°♎26'	13°♌10'
1 Apr 1948	28°♐37'	15°♌59'	22°♊32'	11°♎38'	12°♌40'
1 May 1948	28°♐33' ℞	15°♌55' D	23°♊40'	10°♎51'	12°♌33' D
1 Jun 1948	25°♐50'	17°♌28'	25°♊19'	10°♎19'	12°♌51'
1 Jul 1948	22°♐06'	20°♌12'	27°♊06'	10°♎14' D	13°♌30'
1 Aug 1948	19°♐27'	23°♌50'	28°♊48'	10°♎38'	14°♌22'
1 Sep 1948	19°♐29' D	27°♌45'	00°♋02'	11°♎29'	15°♌18'
1 Oct 1948	22°♐12'	01°♍21'	00°♋34'	12°♎32'	16°♌02'
1 Nov 1948	27°♐09'	04°♍19'	00°♋17' ℞	13°♎40'	16°♌29'
1 Dec 1948	03°♑18'	05°♍58'	29°♊21'	14°♎34'	16°♌31' ℞
1 Jan 1949	10°♑22'	05°♍59' ℞	28°♊03'	15°♎06'	16°♌07'
1 Feb 1949	17°♑27'	04°♍24'	26°♊57'	15°♎06' ℞	15°♌27'
1 Mar 1949	23°♑19'	02°♍12'	26°♊30'	14°♎40'	14°♌48'
1 Apr 1949	28°♑31'	00°♍06'	26°♊49' D	13°♎53'	14°♌17'
1 May 1949	01°♒34'	29°♌18'	27°♊51'	13°♎06'	14°♌09' D
1 Jun 1949	01°♒58' ℞	00°♍07' D	29°♊27'	12°♎31'	14°♌25'
1 Jul 1949	29°♑38'	02°♍18'	01°♋14'	12°♎24' D	15°♌03'
1 Aug 1949	25°♑46'	05°♍34'	02°♋59'	12°♎46'	15°♌56'
1 Sep 1949	22°♑50'	09°♍23'	04°♋19'	13°♎35'	16°♌52'
1 Oct 1949	22°♑34' D	13°♍06'	04°♋58'	14°♎38'	17°♌38'
1 Nov 1949	25°♑13'	16°♍26'	04°♋49' ℞	15°♎46'	18°♌06'
1 Dec 1949	00°♒01'	18°♍40'	03°♋58'	16°♎41'	18°♌10' ℞
1 Jan 1950	06°♒30'	19°♍26' ℞	02°♋40'	17°♎15'	17°♌47'
1 Feb 1950	13°♒45'	18°♍29'	01°♋30'	17°♎18' ℞	17°♌07'
1 Mar 1950	20°♒22'	16°♍32'	00°♋58'	16°♎54'	16°♌28'
1 Apr 1950	27°♒12'	14°♍10'	01°♋09' D	16°♎08'	15°♌56'
1 May 1950	02°♓39'	12°♍45'	02°♋05'	15°♎20'	15°♌46' D
1 Jun 1950	06°♓23'	12°♍49' D	03°♋38'	14°♎44'	16°♌01'
1 Jul 1950	07°♓25' ℞	14°♍22'	05°♋24'	14°♎34' D	16°♌38'
1 Aug 1950	05°♓33'	17°♍12'	07°♋11'	14°♎54'	17°♌31'
1 Sep 1950	01°♓44'	20°♍48'	08°♋37'	15°♎41'	18°♌27'
1 Oct 1950	28°♒29'	24°♍31'	09°♋23'	16°♎43'	19°♌14'
1 Nov 1950	27°♒41' D	28°♍07'	09°♋22' ℞	17°♎51'	19°♌45'
1 Dec 1950	29°♒54'	00°♎48'	08°♋36'	18°♎48'	19°♌50' ℞

GMT +0:00 Tropical Geocentric Long	Jupiter ♃	Saturn ♄	Uranus ♅	Neptune ♆	Pluto ♇
1 Jan 1951	04°♓41'	02°♎15'	07°♋21' ℞	19°♎25'	19°♌29' ℞
1 Feb 1951	11°♓09'	02°♎00' ℞	06°♋07'	19°♎30' ℞	18°♌49'
1 Mar 1951	17°♓44'	00°♎28'	05°♋28'	19°♎07'	18°♌10'
1 Apr 1951	25°♓12'	28°♍05'	05°♋32' D	18°♎23'	17°♌36'
1 May 1951	02°♈03'	26°♍11'	06°♋22'	17°♎34'	17°♌24' D
1 Jun 1951	08°♈07'	25°♍32' D	07°♋50'	16°♎57'	17°♌38'
1 Jul 1951	12°♈19'	26°♍26'	09°♋36'	16°♎45' D	18°♌14'
1 Aug 1951	14°♈09'	28°♍44'	11°♋25'	17°♎02'	19°♌07'
1 Sep 1951	12°♈56' ℞	02°♎01'	12°♋56'	17°♎47'	20°♌04'
1 Oct 1951	09°♈26'	05°♎40'	13°♋49'	18°♎48'	20°♌53'
1 Nov 1951	05°♈40'	09°♎23'	13°♋56' ℞	19°♎57'	21°♌25'
1 Dec 1951	04°♈14' D	12°♎26'	13°♋16'	20°♎55'	21°♌32' ℞
1 Jan 1952	05°♈56'	14°♎28'	12°♋03'	21°♎33'	21°♌12'
1 Feb 1952	10°♈22'	14°♎55' ℞	10°♋47'	21°♎41' ℞	20°♌33'
1 Mar 1952	16°♈09'	13°♎51'	10°♋01'	21°♎20'	19°♌52'
1 Apr 1952	23°♈18'	11°♎39'	09°♋59' D	20°♎36'	19°♌17'
1 May 1952	00°♉30'	09°♎30'	10°♋43'	19°♎47'	19°♌05' D
1 Jun 1952	07°♉40'	08°♎16'	12°♋09'	19°♎09'	19°♌18'
1 Jul 1952	13°♉45'	08°♎32' D	13°♋53'	18°♎55' D	19°♌54'
1 Aug 1952	18°♉30'	10°♎18'	15°♋43'	19°♎11'	20°♌47'
1 Sep 1952	20°♉51'	13°♎13'	17°♋18'	19°♎55'	21°♌45'
1 Oct 1952	20°♉14' ℞	16°♎41'	18°♋16'	20°♎55'	22°♌34'
1 Nov 1952	16°♉54'	20°♎27'	18°♋30' ℞	22°♎04'	23°♌07'
1 Dec 1952	13°♉02'	23°♎44'	17°♋56'	23°♎03'	23°♌15' ℞
1 Jan 1953	11°♉00'	26°♎13'	16°♋45'	23°♎43'	22°♌56'
1 Feb 1953	12°♉10' D	27°♎17'	15°♋27'	23°♎52' ℞	22°♌17'
1 Mar 1953	15°♉40'	26°♎48' ℞	14°♋38'	23°♎33'	21°♌37'
1 Apr 1953	21°♉23'	24°♎58'	14°♋28' D	22°♎50'	21°♌01'
1 May 1953	27°♉59'	22°♎42'	15°♋06'	22°♎01'	20°♌47'
1 Jun 1953	05°♊14'	20°♎58'	16°♋26'	21°♎22'	20°♌59' D
1 Jul 1953	12°♊06'	20°♎35' D	18°♋08'	21°♎06'	21°♌34'
1 Aug 1953	18°♊28'	21°♎43'	20°♋00'	21°♎20' D	22°♌26'
1 Sep 1953	23°♊27'	24°♎11'	21°♋39'	22°♎01'	23°♌25'
1 Oct 1953	26°♊08'	27°♎24'	22°♋44'	23°♎01'	24°♌16'
1 Nov 1953	26°♊00' ℞	01°♏07'	23°♋06' ℞	24°♎10'	24°♌51'
1 Dec 1953	23°♊05'	04°♏35'	22°♋38'	25°♎10'	25°♌00' ℞

GMT +0:00 Tropical Geocentric Long	Jupiter ♃	Saturn ♄	Uranus ♅	Neptune ♆	Pluto ♇
1 Jan 1954	19°♊01' ℞	07°♏28'	21°♋31' ℞	25°♎51'	24°♌43' ℞
1 Feb 1954	16°♊33'	09°♏07'	20°♋12'	26°♎03' ℞	24°♌05'
1 Mar 1954	16°♊59' D	09°♏14' ℞	19°♋18'	25°♎46'	23°♌24'
1 Apr 1954	20°♊11'	07°♏53'	19°♋00' D	25°♎05'	22°♌47'
1 May 1954	25°♊15'	05°♏43'	19°♋30'	24°♎16'	22°♌32'
1 Jun 1954	01°♋41'	03°♏38'	20°♋45'	23°♎35'	22°♌42' D
1 Jul 1954	08°♋26'	02°♏40'	22°♋25'	23°♎17'	23°♌16'
1 Aug 1954	15°♋22'	03°♏09' D	24°♋18'	23°♎28' D	24°♌08'
1 Sep 1954	21°♋40'	05°♏06'	26°♋00'	24°♎08'	25°♌07'
1 Oct 1954	26°♋33'	08°♏00'	27°♋12'	25°♎06'	25°♌59'
1 Nov 1954	29°♋31'	11°♏35'	27°♋42'	26°♎15'	26°♌36'
1 Dec 1954	29°♋37' ℞	15°♏08'	27°♋22' ℞	27°♎16'	26°♌47' ℞
1 Jan 1955	26°♋51'	18°♏20'	26°♋19'	28°♎00'	26°♌32'
1 Feb 1955	22°♋48'	20°♏29'	25°♋00'	28°♎14' ℞	25°♌54'
1 Mar 1955	20°♋17'	21°♏10'	24°♋01'	27°♎59'	25°♌13'
1 Apr 1955	20°♋14' D	20°♏24' ℞	23°♋35'	27°♎19'	24°♌35'
1 May 1955	22°♋55'	18°♏29'	23°♋58' D	26°♎30'	24°♌18'
1 Jun 1955	27°♋44'	16°♏14'	25°♋07'	25°♎48'	24°♌27' D
1 Jul 1955	03°♌38'	14°♏46'	26°♋44'	25°♎28'	24°♌59'
1 Aug 1955	10°♌21'	14°♏37' D	28°♋37'	25°♎37' D	25°♌51'
1 Sep 1955	17°♌07'	16°♏00'	00°♌23'	26°♎14'	26°♌50'
1 Oct 1955	23°♌09'	18°♏31'	01°♌40'	27°♎12'	27°♌44'
1 Nov 1955	28°♌09'	21°♏54'	02°♌18'	28°♎20'	28°♌23'
1 Dec 1955	01°♍01'	25°♏28'	02°♌06' ℞	29°♎22'	28°♌36'
1 Jan 1956	01°♍11' ℞	28°♏53'	01°♌09'	00°♏08'	28°♌22' ℞
1 Feb 1956	28°♌29'	01°♐28'	29°♋49'	00°♏25'	27°♌46'
1 Mar 1956	24°♌45'	02°♐42'	28°♋45'	00°♏11' ℞	27°♌03'
1 Apr 1956	21°♌54'	02°♐29' ℞	28°♋13'	29°♎32'	26°♌24'
1 May 1956	21°♌45' D	00°♐56'	28°♋30' D	28°♎44'	26°♌06'
1 Jun 1956	24°♌19'	28°♏40'	29°♋34'	28°♎00'	26°♌14' D
1 Jul 1956	28°♌47'	26°♏51'	01°♌08'	27°♎39'	26°♌46'
1 Aug 1956	04°♍42'	26°♏10' D	03°♌00'	27°♎46' D	27°♌38'
1 Sep 1956	11°♍17'	26°♏59'	04°♌49'	28°♎23'	28°♌38'
1 Oct 1956	17°♍44'	29°♏06'	06°♌11'	29°♎19'	29°♌32'
1 Nov 1956	23°♍51'	02°♐14'	06°♌55'	00°♏28'	00°♍12'
1 Dec 1956	28°♍36'	05°♐45'	06°♌49' ℞	01°♏30'	00°♍27'

GMT +0:00 Tropical Geocentric Long	Jupiter ♃	Saturn ♄	Uranus ♅	Neptune ♆	Pluto ♇
1 Jan 1957	01°♎25'	09°♐18'	05°♌57' ℞	02°♏17'	00°♍14' ℞
1 Feb 1957	01°♎24' ℞	12°♐13'	04°♌38'	02°♏35'	29°♌38'
1 Mar 1957	28°♍59'	13°♐52'	03°♌33'	02°♏24' ℞	28°♌56'
1 Apr 1957	25°♍04'	14°♐15' ℞	02°♌54'	01°♏47'	28°♌16'
1 May 1957	22°♍19'	13°♐10'	03°♌03' D	00°♏58'	27°♌56'
1 Jun 1957	22°♍05' D	11°♐04'	04°♌00'	00°♏14'	28°♌02' D
1 Jul 1957	24°♍26'	09°♐00'	05°♌30'	29°♎51'	28°♌33'
1 Aug 1957	28°♍56'	07°♐46'	07°♌21'	29°♎56' D	29°♌24'
1 Sep 1957	04°♎47'	08°♐00' D	09°♌13'	00°♏30'	00°♍25'
1 Oct 1957	11°♎08'	09°♐37'	10°♌40'	01°♏25'	01°♍20'
1 Nov 1957	17°♎47'	12°♐26'	11°♌32'	02°♏33'	02°♍02'
1 Dec 1957	23°♎43'	15°♐48'	11°♌34' ℞	03°♏37'	02°♍19'
1 Jan 1958	28°♎35'	19°♐26'	10°♌48'	04°♏25'	02°♍08' ℞
1 Feb 1958	01°♏19'	22°♐38'	09°♌32'	04°♏46'	01°♍33'
1 Mar 1958	01°♏22' ℞	24°♐43'	08°♌23'	04°♏37' ℞	00°♍51'
1 Apr 1958	28°♎48'	25°♐41'	07°♌37'	04°♏01'	00°♍10'
1 May 1958	25°♎04'	25°♐09' ℞	07°♌38' D	03°♏13'	29°♌48'
1 Jun 1958	22°♎14'	23°♐21'	08°♌28'	02°♏28'	29°♌52' D
1 Jul 1958	21°♎58' D	21°♐11'	09°♌54'	02°♏03'	00°♍22'
1 Aug 1958	24°♎21'	19°♐30'	11°♌44'	02°♏05' D	01°♍13'
1 Sep 1958	28°♎52'	19°♐08' D	13°♌37'	02°♏37'	02°♍14'
1 Oct 1958	04°♏35'	20°♐14'	15°♌09'	03°♏31'	03°♍10'
1 Nov 1958	11°♏13'	22°♐39'	16°♌09'	04°♏38'	03°♍54'
1 Dec 1958	17°♏45'	25°♐50'	16°♌19' ℞	05°♏43'	04°♍13'
1 Jan 1959	23°♏58'	29°♐28'	15°♌40'	06°♏33'	04°♍04' ℞
1 Feb 1959	28°♏52'	02°♑53'	14°♌26'	06°♏56'	03°♍30'
1 Mar 1959	01°♐29'	05°♑19'	13°♌15'	06°♏49' ℞	02°♍48'
1 Apr 1959	01°♐43' ℞	06°♑51'	12°♌23'	06°♏15'	02°♍05'
1 May 1959	29°♏18'	06°♑53' ℞	12°♌16' D	05°♏28'	01°♍42'
1 Jun 1959	25°♏28'	05°♑31'	12°♌58'	04°♏42'	01°♍45' D
1 Jul 1959	22°♏41'	03°♑24'	14°♌19'	04°♏15'	02°♍13'
1 Aug 1959	22°♏19' D	01°♑24'	16°♌07'	04°♏14' D	03°♍03'
1 Sep 1959	24°♏44'	00°♑28'	18°♌01'	04°♏44'	04°♍04'
1 Oct 1959	29°♏10'	01°♑00' D	19°♌38'	05°♏36'	05°♍02'
1 Nov 1959	05°♐12'	02°♑58'	20°♌45'	06°♏44'	05°♍47'
1 Dec 1959	11°♐48'	05°♑53'	21°♌04' ℞	07°♏49'	06°♍09'

GMT +0:00 Tropical Geocentric Long	Jupiter ♃	Saturn ♄	Uranus ♅	Neptune ♆	Pluto ♇
1 Jan 1960	18°♐44'	09°♑27'	20°♌32' ℞	08°♏41'	06°♍01' ℞
1 Feb 1960	25°♐07'	13°♑01'	19°♌22'	09°♏06'	05°♍28'
1 Mar 1960	29°♐55'	15°♑51'	18°♌07'	09°♏01' ℞	04°♍45'
1 Apr 1960	03°♑02'	17°♑51'	17°♌10'	08°♏28'	04°♍02'
1 May 1960	03°♑25' ℞	18°♑25' ℞	16°♌57' D	07°♏41'	03°♍38'
1 Jun 1960	01°♑04'	17°♑30'	17°♌33'	06°♏54'	03°♍39' D
1 Jul 1960	27°♐21'	15°♑35'	18°♌49'	06°♏26'	04°♍07'
1 Aug 1960	24°♐22'	13°♑23'	20°♌35'	06°♏24' D	04°♍57'
1 Sep 1960	23°♐58' D	12°♑00'	22°♌30'	06°♏53'	05°♍58'
1 Oct 1960	26°♐19'	12°♑00' D	24°♌10'	07°♏44'	06°♍57'
1 Nov 1960	01°♑02'	13°♑30'	25°♌23'	08°♏51'	07°♍44'
1 Dec 1960	07°♑03'	16°♑08'	25°♌48'	09°♏56'	08°♍06'
1 Jan 1961	14°♑05'	19°♑34'	25°♌22' ℞	10°♏50'	08°♍00' ℞
1 Feb 1961	21°♑15'	23°♑13'	24°♌15'	11°♏17'	07°♍28'
1 Mar 1961	27°♑15'	26°♑12'	23°♌03'	11°♏13' ℞	06°♍46'
1 Apr 1961	02°♒45'	28°♑39'	22°♌00'	10°♏42'	06°♍02'
1 May 1961	06°♒11'	29°♑47'	21°♌39' D	09°♏56'	05°♍36'
1 Jun 1961	07°♒05' ℞	29°♑27' ℞	22°♌07'	09°♏08'	05°♍35' D
1 Jul 1961	05°♒10'	27°♑52'	23°♌17'	08°♏38'	06°♍01'
1 Aug 1961	01°♒23'	25°♑37'	25°♌00'	08°♏34' D	06°♍50'
1 Sep 1961	28°♑08'	23°♑48'	26°♌56'	09°♏00'	07°♍52'
1 Oct 1961	27°♑24' D	23°♑14' D	28°♌39'	09°♏50'	08°♍52'
1 Nov 1961	29°♑37'	24°♑11'	29°♌58'	10°♏56'	09°♍41'
1 Dec 1961	04°♒08'	26°♑25'	00°♍32'	12°♏02'	10°♍05'
1 Jan 1962	10°♒27'	29°♑40'	00°♍14' ℞	12°♏57'	10°♍01' ℞
1 Feb 1962	17°♒39'	03°♒20'	29°♌12'	13°♏26'	09°♍30'
1 Mar 1962	24°♒19'	06°♒30'	28°♌00'	13°♏25' ℞	08°♍49'
1 Apr 1962	01°♓18'	09°♒22'	26°♌52'	12°♏56'	08°♍04'
1 May 1962	07°♓01'	11°♒02'	26°♌23'	12°♏10'	07°♍36'
1 Jun 1962	11°♓08'	11°♒18' ℞	26°♌43' D	11°♏22'	07°♍33' D
1 Jul 1962	12°♓41'	10°♒10'	27°♌47'	10°♏50'	07°♍58'
1 Aug 1962	11°♓18' ℞	08°♒03'	29°♌27'	10°♏44' D	08°♍46'
1 Sep 1962	07°♓39'	05°♒55'	01°♍22'	11°♏08'	09°♍48'
1 Oct 1962	04°♓08'	04°♒49'	03°♍08'	11°♏56'	10°♍48'
1 Nov 1962	02°♓49' D	05°♒10' D	04°♍33'	13°♏01'	11°♍39'
1 Dec 1962	04°♓33'	06°♒57'	05°♍15'	14°♏07'	12°♍06'

GMT +0:00 Tropical Geocentric Long	Jupiter ♃	Saturn ♄	Uranus ♅	Neptune ♆	Pluto ♇
1 Jan 1963	09°♓00'	09°♒56'	05°♍06' ℞	15°♏04'	12°♍05' ℞
1 Feb 1963	15°♓15'	13°♒31'	04°♍10'	15°♏35'	11°♍35'
1 Mar 1963	21°♓45'	16°♒49'	02°♍58'	15°♏37' ℞	10°♍54'
1 Apr 1963	29°♓14'	20°♒02'	01°♍46'	15°♏10'	10°♍08'
1 May 1963	06°♈12'	22°♒12'	01°♍10'	14°♏25'	09°♍38'
1 Jun 1963	12°♈29'	23°♒06'	01°♍22' D	13°♏36'	09°♍33' D
1 Jul 1963	17°♈01'	22°♒30' ℞	02°♍19'	13°♏02'	09°♍56'
1 Aug 1963	19°♈21'	20°♒39'	03°♍54'	12°♏53' D	10°♍43'
1 Sep 1963	18°♈39' ℞	18°♒23'	05°♍48'	13°♏15'	11°♍45'
1 Oct 1963	15°♈26'	16°♒48'	07°♍37'	14°♏01'	12°♍47'
1 Nov 1963	11°♈29'	16°♒32' D	09°♍08'	15°♏06'	13°♍40'
1 Dec 1963	09°♈34'	17°♒48'	09°♍57'	16°♏13'	14°♍09'
1 Jan 1964	10°♈44' D	20°♒25'	09°♍57' ℞	17°♏11'	14°♍10' ℞
1 Feb 1964	14°♈45'	23°♒52'	09°♍07'	17°♏44'	13°♍42'
1 Mar 1964	20°♈18'	27°♒21'	07°♍55'	17°♏48' ℞	12°♍59'
1 Apr 1964	27°♈18'	00°♓49'	06°♍40'	17°♏22'	12°♍13'
1 May 1964	04°♉29'	03°♓24'	05°♍59'	16°♏37'	11°♍42'
1 Jun 1964	11°♉42'	04°♓52'	06°♍04' D	15°♏48'	11°♍36' D
1 Jul 1964	17°♉58'	04°♓50' ℞	06°♍55'	15°♏14'	11°♍58'
1 Aug 1964	23°♉00'	03°♓22'	08°♍26'	15°♏03' D	12°♍45'
1 Sep 1964	25°♉48'	01°♓07'	10°♍19'	15°♏24'	13°♍47'
1 Oct 1964	25°♉41' ℞	29°♒10'	12°♍09'	16°♏09'	14°♍49'
1 Nov 1964	22°♉42'	28°♒20'	13°♍45'	17°♏13'	15°♍43'
1 Dec 1964	18°♉44'	29°♒04' D	14°♍40'	18°♏20'	16°♍14'
1 Jan 1965	16°♉15'	01°♓17'	14°♍47' ℞	19°♏19'	16°♍17' ℞
1 Feb 1965	16°♉53' D	04°♓32'	14°♍02'	19°♏51'	15°♍50'
1 Mar 1965	20°♉00'	07°♓54'	12°♍55'	19°♏59' ℞	15°♍09'
1 Apr 1965	25°♉26'	11°♓34'	11°♍37'	19°♏35'	14°♍22'
1 May 1965	01°♊52'	14°♓34'	10°♍49'	18°♏52'	13°♍49'
1 Jun 1965	09°♊03'	16°♓36'	10°♍46' D	18°♏02'	13°♍41' D
1 Jul 1965	15°♊56'	17°♓12' ℞	11°♍30'	17°♏26'	14°♍01'
1 Aug 1965	22°♊27'	16°♓18'	12°♍56'	17°♏14' D	14°♍47'
1 Sep 1965	27°♊40'	14°♓15'	14°♍47'	17°♏31'	15°♍49'
1 Oct 1965	00°♋44'	12°♓03'	16°♍38'	18°♏15'	16°♍52'
1 Nov 1965	01°♋03' ℞	10°♓38'	18°♍18'	19°♏18'	17°♍48'
1 Dec 1965	28°♊31'	10°♓44' D	19°♍21'	20°♏25'	18°♍21'

GMT +0:00 Tropical Geocentric Long	Jupiter ♃	Saturn ♄	Uranus ♅	Neptune ♆	Pluto ♇
1 Jan 1966	24°♊26' ℞	12°♓25'	19°♍36' ℞	21°♏25'	18°♍26' ℞
1 Feb 1966	21°♊35'	15°♓22'	19°♍00'	22°♏02'	18°♍01'
1 Mar 1966	21°♊33' D	18°♓39'	17°♍55'	22°♏10' ℞	17°♍21'
1 Apr 1966	24°♊20'	22°♓26'	16°♍36'	21°♏48'	16°♍33'
1 May 1966	29°♊08'	25°♓46'	15°♍42'	21°♏06'	15°♍59'
1 Jun 1966	05°♋23'	28°♓20'	15°♍30' D	20°♏16'	15°♍48' D
1 Jul 1966	12°♋03'	29°♓35'	16°♍07'	19°♏39'	16°♍06'
1 Aug 1966	18°♋59'	29°♓20' ℞	17°♍27'	19°♏24'	16°♍51'
1 Sep 1966	25°♋24'	27°♓40'	19°♍15'	19°♏39' D	17°♍52'
1 Oct 1966	00°♌30'	25°♓23'	21°♍07'	20°♏21'	18°♍57'
1 Nov 1966	03°♌48'	23°♓29'	22°♍51'	21°♏23'	19°♍54'
1 Dec 1966	04°♌19' ℞	22°♓55' D	24°♍01'	22°♏30'	20°♍30'
1 Jan 1967	01°♌55'	24°♓00'	24°♍25' ℞	23°♏32'	20°♍37' ℞
1 Feb 1967	27°♋54'	26°♓32'	23°♍56'	24°♏11'	20°♍14'
1 Mar 1967	25°♋05'	29°♓39'	22°♍55'	24°♏20' ℞	19°♍35'
1 Apr 1967	24°♋36' D	03°♈28'	21°♍36'	24°♏01'	18°♍46'
1 May 1967	26°♋53'	07°♈03'	20°♍36'	23°♏20'	18°♍10'
1 Jun 1967	01°♌26'	10°♈05'	20°♍16' D	22°♏31'	17°♍58' D
1 Jul 1967	07°♌10'	11°♈58'	20°♍45'	21°♏52'	18°♍14'
1 Aug 1967	13°♌49'	12°♈25' ℞	21°♍59'	21°♏34'	18°♍57'
1 Sep 1967	20°♌35'	11°♈18'	23°♍43'	21°♏47' D	19°♍58'
1 Oct 1967	26°♌42'	09°♈09'	25°♍36'	22°♏27'	21°♍03'
1 Nov 1967	01°♍55'	06°♈54'	27°♍24'	23°♏28'	22°♍03'
1 Dec 1967	05°♍06'	05°♈42'	28°♍40'	24°♏35'	22°♍41'
1 Jan 1968	05°♍41' ℞	06°♈06' D	29°♍12'	25°♏38'	22°♍51' ℞
1 Feb 1968	03°♍19'	08°♈07'	28°♍52' ℞	26°♏20'	22°♍30'
1 Mar 1968	29°♌37'	11°♈04'	27°♍53'	26°♏31' ℞	21°♍50'
1 Apr 1968	26°♌30'	14°♈50'	26°♍34'	26°♏13'	21°♍01'
1 May 1968	25°♌57' D	18°♈34'	25°♍30'	25°♏33'	20°♍24'
1 Jun 1968	28°♌09'	21°♈59'	25°♍04'	24°♏44'	20°♍10' D
1 Jul 1968	02°♍22'	24°♈23'	25°♍26' D	24°♏04'	20°♍25'
1 Aug 1968	08°♍07'	25°♈31'	26°♍34'	23°♏45'	21°♍07'
1 Sep 1968	14°♍39'	25°♈01' ℞	28°♍16'	23°♏57' D	22°♍08'
1 Oct 1968	21°♍06'	23°♈12'	00°♎08'	24°♏35'	23°♍14'
1 Nov 1968	27°♍21'	20°♈47'	01°♎58'	25°♏36'	24°♍14'
1 Dec 1968	02°♎18'	19°♈04'	03°♎19'	26°♏43'	24°♍54'

GMT +0:00 Tropical Geocentric Long	Jupiter ♃	Saturn ♄	Uranus ♅	Neptune ♆	Pluto ♇
1 Jan 1969	05°♎27'	18°♈47'	03°♎58'	27°♏46'	25°♍06' ℞
1 Feb 1969	05°♎50' ℞	20°♈14'	03°♎45' ℞	28°♏29'	24°♍46'
1 Mar 1969	03°♎43'	22°♈44'	02°♎53'	28°♏42' ℞	24°♍08'
1 Apr 1969	29°♍51'	26°♈20'	01°♎34'	28°♏27'	23°♍19'
1 May 1969	26°♍51'	00°♉08'	00°♎27'	27°♏48'	22°♍40'
1 Jun 1969	26°♍12' D	03°♉51'	29°♍53'	26°♏58'	22°♍24'
1 Jul 1969	28°♍14'	06°♉45'	00°♎07' D	26°♏17'	22°♍37' D
1 Aug 1969	02°♎28'	08°♉35'	01°♎08'	25°♏57'	23°♍17'
1 Sep 1969	08°♎11'	08°♉50' ℞	02°♎45'	26°♏05' D	24°♍18'
1 Oct 1969	14°♎29'	07°♉33'	04°♎36'	26°♏42'	25°♍24'
1 Nov 1969	21°♎10'	05°♉13'	06°♎29'	27°♏42'	26°♍27'
1 Dec 1969	27°♎13'	03°♉04'	07°♎55'	28°♏48'	27°♍08'
1 Jan 1970	02°♏19'	02°♉03'	08°♎43'	29°♏53'	27°♍23' ℞
1 Feb 1970	05°♏24'	02°♉47' D	08°♎37' ℞	00°♐38'	27°♍06'
1 Mar 1970	05°♏50' ℞	04°♉48'	07°♎51'	00°♐53'	26°♍29'
1 Apr 1970	03°♏36'	08°♉07'	06°♎34'	00°♐40' ℞	25°♍39'
1 May 1970	29°♎54'	11°♉52'	05°♎23'	00°♐03'	24°♍59'
1 Jun 1970	26°♎48'	15°♉47'	04°♎42'	29°♏13'	24°♍40'
1 Jul 1970	26°♎09' D	19°♉06'	04°♎48' D	28°♏31'	24°♍51' D
1 Aug 1970	28°♎11'	21°♉34'	05°♎42'	28°♏08'	25°♍30'
1 Sep 1970	02°♏28'	22°♉36'	07°♎14'	28°♏15' D	26°♍30'
1 Oct 1970	08°♏03'	22°♉00' ℞	09°♎04'	28°♏49'	27°♍36'
1 Nov 1970	14°♏39'	20°♉00'	10°♎58'	29°♏47'	28°♍40'
1 Dec 1970	21°♏13'	17°♉37'	12°♎30'	00°♐54'	29°♍25'
1 Jan 1971	27°♏34'	15°♉57'	13°♎25'	01°♐59'	29°♍42'
1 Feb 1971	02°♐44'	15°♉53' D	13°♎28' ℞	02°♐40'	29°♍27' ℞
1 Mar 1971	05°♐40'	17°♉19'	12°♎48'	03°♐04'	28°♍52'
1 Apr 1971	06°♐20' ℞	20°♉13'	11°♎34'	02°♐53' ℞	28°♍02'
1 May 1971	04°♐16'	23°♉48'	10°♎21'	02°♐17'	27°♍20'
1 Jun 1971	00°♐30'	27°♉48'	09°♎33'	01°♐28'	26°♍59'
1 Jul 1971	27°♏26'	01°♊26'	09°♎30' D	00°♐45'	27°♍07' D
1 Aug 1971	26°♏40' D	04°♊27'	10°♎16'	00°♐20'	27°♍44'
1 Sep 1971	28°♏43'	06°♊13'	11°♎43'	00°♐24' D	28°♍43'
1 Oct 1971	02°♐55'	06°♊24' ℞	13°♎31'	00°♐56'	29°♍50'
1 Nov 1971	08°♐48'	04°♊57'	15°♎26'	01°♐53'	00°♎55'
1 Dec 1971	15°♐21'	02°♊36'	17°♎02'	02°♐59'	01°♎42'

GMT +0:00 Tropical Geocentric Long	Jupiter ♃	Saturn ♄	Uranus ♅	Neptune ♆	Pluto ♇
1 Jan 1972	22°♐20'	00°♊25' ℞	18°♎05'	04°♐05'	02°♎02'
1 Feb 1972	28°♐52'	29°♉34' D	18°♎17' ℞	04°♐54'	01°♎50' ℞
1 Mar 1972	03°♑55'	00°♊23'	17°♎41'	05°♐14'	01°♎14'
1 Apr 1972	07°♑25'	02°♊46'	16°♎30'	05°♐05' ℞	00°♎24'
1 May 1972	08°♑16' ℞	06°♊05'	15°♎15'	04°♐30'	29°♍42'
1 Jun 1972	06°♑17'	10°♊02'	14°♎22'	03°♐41'	29°♍19'
1 Jul 1972	02°♑39'	13°♊51'	14°♎13' D	02°♐58'	29°♍26' D
1 Aug 1972	29°♐23'	17°♊17'	14°♎53'	02°♐31'	00°♎02'
1 Sep 1972	28°♐33' D	19°♊41'	16°♎15'	02°♐34' D	01°♎00'
1 Oct 1972	00°♑31'	20°♊35'	18°♎01'	03°♐05'	02°♎08'
1 Nov 1972	04°♑57'	19°♊49' ℞	19°♎57'	04°♐01'	03°♎14'
1 Dec 1972	10°♑50'	17°♊45'	21°♎36'	05°♐07'	04°♎03'
1 Jan 1973	17°♑49'	15°♊18'	22°♎44'	06°♐14'	04°♎25'
1 Feb 1973	25°♑01'	13°♊46'	23°♎03' ℞	07°♐03'	04°♎14' ℞
1 Mar 1973	01°♒10'	13°♊51' D	22°♎35'	07°♐25'	03°♎41'
1 Apr 1973	06°♒55'	15°♊34'	21°♎27'	07°♐18' ℞	02°♎51'
1 May 1973	10°♒44'	18°♊28'	20°♎11'	06°♐45'	02°♎07'
1 Jun 1973	12°♒07' ℞	22°♊15'	19°♎13'	05°♐56'	01°♎42'
1 Jul 1973	10°♒38'	26°♊08'	18°♎56' D	05°♐12'	01°♎46' D
1 Aug 1973	07°♒00'	29°♊53'	19°♎28'	04°♐43'	02°♎20'
1 Sep 1973	03°♒29'	02°♋52'	20°♎44'	04°♐43' D	03°♎17'
1 Oct 1973	02°♒17' D	04°♋30'	22°♎26'	05°♐12'	04°♎25'
1 Nov 1973	04°♒04'	04°♋33' ℞	24°♎22'	06°♐07'	05°♎32'
1 Dec 1973	08°♒17'	03°♋00'	26°♎05'	07°♐12'	06°♎23'
1 Jan 1974	14°♒24'	00°♋32'	27°♎19'	08°♐20'	06°♎48'
1 Feb 1974	21°♒32'	28°♊26'	27°♎46'	09°♐11'	06°♎40' ℞
1 Mar 1974	28°♒14'	27°♊47' D	27°♎25' ℞	09°♐35'	06°♎08'
1 Apr 1974	05°♓20'	28°♊43'	26°♎23'	09°♐30' ℞	05°♎19'
1 May 1974	11°♓17'	01°♋05'	25°♎07'	08°♐59'	04°♎34'
1 Jun 1974	15°♓46'	04°♋33'	24°♎03'	08°♐11'	04°♎06'
1 Jul 1974	17°♓47'	08°♋23'	23°♎39'	07°♐26'	04°♎08' D
1 Aug 1974	16°♓55' ℞	12°♋20'	24°♎02' D	06°♐55'	04°♎39'
1 Sep 1974	13°♓31'	15°♋45'	25°♎12'	06°♐53' D	05°♎36'
1 Oct 1974	09°♓48'	18°♋03'	26°♎50'	07°♐20'	06°♎43'
1 Nov 1974	07°♓59'	18°♋54' ℞	28°♎46'	08°♐12'	07°♎52'
1 Dec 1974	09°♓14' D	18°♋04'	00°♏31'	09°♐18'	08°♎45'

GMT +0:00 Tropical Geocentric Long	Jupiter ♃	Saturn ♄	Uranus ♅	Neptune ♆	Pluto ♇
1 Jan 1975	13°♓18'	15°♋52' ℞	01°♏52'	10°♐26'	09°♎13'
1 Feb 1975	19°♓20'	13°♋26'	02°♏27'	11°♐19'	09°♎08' ℞
1 Mar 1975	25°♓44'	12°♋06'	02°♏14' ℞	11°♐44'	08°♎38'
1 Apr 1975	03°♈13'	12°♋13' D	01°♏17'	11°♐42' ℞	07°♎49'
1 May 1975	10°♈15'	13°♋56'	00°♏01'	11°♐13'	07°♎02'
1 Jun 1975	16°♈44'	16°♋58'	28°♎54'	10°♐26'	06°♎33'
1 Jul 1975	21°♈35'	20°♋36'	28°♎22'	09°♐40'	06°♎32' D
1 Aug 1975	24°♈23'	24°♋36'	28°♎37' D	09°♐08'	07°♎01'
1 Sep 1975	24°♈13' ℞	28°♋20'	29°♎39'	09°♐03' D	07°♎56'
1 Oct 1975	21°♈19'	01°♌10'	01°♏13'	09°♐27'	09°♎03'
1 Nov 1975	17°♈16'	02°♌47'	03°♏08'	10°♐18'	10°♎13'
1 Dec 1975	14°♈54'	02°♌43' ℞	04°♏56'	11°♐23'	11°♎08'
1 Jan 1976	15°♈32' D	01°♌03'	06°♏22'	12°♐31'	11°♎39'
1 Feb 1976	19°♈08'	28°♋34'	07°♏05'	13°♐26'	11°♎37' ℞
1 Mar 1976	24°♈25'	26°♋40'	06°♏58' ℞	13°♐54'	11°♎07'
1 Apr 1976	01°♉17'	26°♋02' D	06°♏06'	13°♐54' ℞	10°♎18'
1 May 1976	08°♉24'	27°♋04'	04°♏52'	13°♐25'	09°♎31'
1 Jun 1976	15°♉41'	29°♋34'	03°♏41'	12°♐39'	09°♎00'
1 Jul 1976	22°♉05'	02°♌55'	03°♏04'	11°♐52'	08°♎58' D
1 Aug 1976	27°♉24'	06°♌51'	03°♏13' D	11°♐19'	09°♎25'
1 Sep 1976	00°♊37'	10°♌45'	04°♏09'	11°♐13' D	10°♎19'
1 Oct 1976	00°♊59' ℞	13°♌58'	05°♏40'	11°♐36'	11°♎27'
1 Nov 1976	28°♉24'	16°♌12'	07°♏33'	12°♐26'	12°♎38'
1 Dec 1976	24°♉26'	16°♌52' ℞	09°♏22'	13°♐30'	13°♎34'
1 Jan 1977	21°♉31'	15°♌49'	10°♏53'	14°♐39'	14°♎07'
1 Feb 1977	21°♉38' D	13°♌33'	11°♏42'	15°♐34'	14°♎07' ℞
1 Mar 1977	24°♉21'	11°♌24'	11°♏41' ℞	16°♐03'	13°♎40'
1 Apr 1977	29°♉29'	10°♌02'	10°♏55'	16°♐05' ℞	12°♎52'
1 May 1977	05°♊45'	10°♌18' D	09°♏44'	15°♐39'	12°♎04'
1 Jun 1977	12°♊51'	12°♌08'	08°♏30'	14°♐53'	11°♎30'
1 Jul 1977	19°♊45'	15°♌05'	07°♏47'	14°♐06'	11°♎25' D
1 Aug 1977	26°♊22'	18°♌49'	07°♏47' D	13°♐31'	11°♎50'
1 Sep 1977	01°♋49'	22°♌46'	08°♏36'	13°♐22' D	12°♎43'
1 Oct 1977	05°♋14'	26°♌17'	10°♏01'	13°♐43'	13°♎49'
1 Nov 1977	06°♋02' ℞	29°♌04'	11°♏53'	14°♐32'	15°♎01'
1 Dec 1977	03°♋53'	00°♍26'	13°♏43'	15°♐35'	16°♎00'

GMT +0:00 Tropical Geocentric Long	Jupiter ♃	Saturn ♄	Uranus ♅	Neptune ♆	Pluto ♇
1 Jan 1978	29°♊52' ℞	00°♍09' ℞	15°♏18'	16°♐44'	16°♎35'
1 Feb 1978	26°♊40'	28°♌20'	16°♏14'	17°♐41'	16°♎38' ℞
1 Mar 1978	26°♊12' D	26°♌06'	16°♏22' ℞	18°♐12'	16°♎14'
1 Apr 1978	28°♊33'	24°♌10'	15°♏43'	18°♐17' ℞	15°♎26'
1 May 1978	03°♋02'	23°♌40' D	14°♏34'	17°♐53'	14°♎38'
1 Jun 1978	09°♋07'	24°♌48'	13°♏18'	17°♐08'	14°♎02'
1 Jul 1978	15°♋41'	27°♌13'	12°♏29'	16°♐20'	13°♎54' D
1 Aug 1978	22°♋38'	00°♍39'	12°♏21' D	15°♐44'	14°♎17'
1 Sep 1978	29°♋09'	04°♍31'	13°♏03'	15°♐33' D	15°♎07'
1 Oct 1978	04°♌26'	08°♍12'	14°♏23'	15°♐51'	16°♎14'
1 Nov 1978	08°♌04'	11°♍25'	16°♏11'	16°♐37'	17°♎26'
1 Dec 1978	09°♌00' ℞	13°♍24'	18°♏02'	17°♐40'	18°♎27'
1 Jan 1979	06°♌59'	13°♍53' ℞	19°♏41'	18°♐49'	19°♎05'
1 Feb 1979	03°♌03'	12°♍40'	20°♏44'	19°♐48'	19°♎11' ℞
1 Mar 1979	29°♋59'	10°♍36'	20°♏59' ℞	20°♐21'	18°♎49'
1 Apr 1979	29°♋03' D	08°♍19'	20°♏27'	20°♐28' ℞	18°♎03'
1 May 1979	00°♌57'	07°♍08'	19°♏22'	20°♐06'	17°♎13'
1 Jun 1979	05°♌12'	07°♍30' D	18°♏06'	19°♐22'	16°♎36'
1 Jul 1979	10°♌46'	09°♍19'	17°♏11'	18°♐35'	16°♎25' D
1 Aug 1979	17°♌19'	12°♍21'	16°♏55' D	17°♐56'	16°♎45'
1 Sep 1979	24°♌05'	16°♍03'	17°♏29'	17°♐43' D	17°♎34'
1 Oct 1979	00°♍18'	19°♍47'	18°♏43'	17°♐59'	18°♎39'
1 Nov 1979	05°♍42'	23°♍17'	20°♏28'	18°♐44'	19°♎52'
1 Dec 1979	09°♍12'	25°♍48'	22°♏20'	19°♐45'	20°♎54'
1 Jan 1980	10°♍11' ℞	26°♍59'	24°♏02'	20°♐55'	21°♎36'
1 Feb 1980	08°♍12'	26°♍27' ℞	25°♏12'	21°♐55'	21°♎45' ℞
1 Mar 1980	04°♍36'	24°♍40'	25°♏34' ℞	22°♐31'	21°♎24'
1 Apr 1980	01°♍13'	22°♍16'	25°♏08'	22°♐39' ℞	20°♎39'
1 May 1980	00°♍16' D	20°♍35'	24°♏06'	22°♐18'	19°♎49'
1 Jun 1980	02°♍05'	20°♍16' D	22°♏49'	21°♐35'	19°♎10'
1 Jul 1980	06°♍02'	21°♍29'	21°♏51'	20°♐48'	18°♎58' D
1 Aug 1980	11°♍37'	24°♍03'	21°♏30' D	20°♐09'	19°♎16'
1 Sep 1980	18°♍04'	27°♍29'	21°♏57'	19°♐54' D	20°♎03'
1 Oct 1980	24°♍32'	01°♎11'	23°♏06'	20°♐08'	21°♎08'
1 Nov 1980	00°♎53'	04°♎51'	24°♏48'	20°♐52'	22°♎22'
1 Dec 1980	06°♎01'	07°♎44'	26°♏39'	21°♐53'	23°♎25'

GMT +0:00 Tropical Geocentric Long	Jupiter ♃	Saturn ♄	Uranus ♅	Neptune ♆	Pluto ♇
1 Jan 1981	09°♎30'	09°♎30'	28°♏24'	23°♐03'	24°♎08'
1 Feb 1981	10°♎18' ℞	09°♎37' ℞	29°♏38'	24°♐03'	24°♎20' ℞
1 Mar 1981	08°♎30'	08°♎21'	00°♐06'	24°♐40'	24°♎01'
1 Apr 1981	04°♎44'	06°♎03'	29°♏47' ℞	24°♐51' ℞	23°♎18'
1 May 1981	01°♎30'	03°♎59'	28°♏50'	24°♐32'	22°♎28'
1 Jun 1981	00°♎28' D	03°♎00'	27°♏34'	23°♐50'	21°♎47'
1 Jul 1981	02°♎08'	03°♎33' D	26°♏32'	23°♐02'	21°♎32'
1 Aug 1981	06°♎06'	05°♎33'	26°♏03'	22°♐22'	21°♎47' D
1 Sep 1981	11°♎40'	08°♎38'	26°♏22' D	22°♐05'	22°♎32'
1 Oct 1981	17°♎53'	12°♎11'	27°♏25'	22°♐17' D	23°♎36'
1 Nov 1981	24°♎36'	15°♎57'	29°♏03'	22°♐59'	24°♎50'
1 Dec 1981	00°♏45'	19°♎08'	00°♐53'	23°♐59'	25°♎55'
1 Jan 1982	06°♏04'	21°♎26'	02°♐41'	25°♐08'	26°♎41'
1 Feb 1982	09°♏29'	22°♎14' ℞	04°♐01'	26°♐10'	26°♎55' ℞
1 Mar 1982	10°♏17' ℞	21°♎32'	04°♐35'	26°♐48'	26°♎39'
1 Apr 1982	08°♏25'	19°♎32'	04°♐24' ℞	27°♐02' ℞	25°♎57'
1 May 1982	04°♏49'	17°♎17'	03°♐32'	26°♐46'	25°♎07'
1 Jun 1982	01°♏29'	15°♎44'	02°♐17'	26°♐05'	24°♎25'
1 Jul 1982	00°♏27' D	15°♎37' D	01°♐11'	25°♐18'	24°♎07'
1 Aug 1982	02°♏07'	17°♎01'	00°♐36'	24°♐36'	24°♎19' D
1 Sep 1982	06°♏08'	19°♎40'	00°♐47' D	24°♐16'	25°♎02'
1 Oct 1982	11°♏34'	23°♎00'	01°♐43'	24°♐26' D	26°♎05'
1 Nov 1982	18°♏05'	26°♎45'	03°♐17'	25°♐06'	27°♎19'
1 Dec 1982	24°♏42'	00°♏09'	05°♐06'	26°♐05'	28°♎25'
1 Jan 1983	01°♐10'	02°♏54'	06°♐55'	27°♐14'	29°♎14'
1 Feb 1983	06°♐33'	04°♏19'	08°♐20'	28°♐18'	20°♎31'
1 Mar 1983	09°♐48'	04°♏12' ℞	09°♐01'	28°♐57'	29°♎18' ℞
1 Apr 1983	10°♐53' ℞	02°♏39'	08°♐58' ℞	29°♐13'	28°♎38'
1 May 1983	09°♐11'	00°♏25'	08°♐12'	28°♐59' ℞	27°♎48'
1 Jun 1983	05°♐32'	28°♎27'	06°♐59'	28°♐21'	27°♎03'
1 Jul 1983	02°♐15'	27°♎43'	05°♐50'	27°♐33'	26°♎43'
1 Aug 1983	01°♐04' D	28°♎28' D	05°♐08'	26°♐50'	26°♎52' D
1 Sep 1983	02°♐44'	00°♏37'	05°♐12' D	26°♐28'	27°♎33'
1 Oct 1983	06°♐40'	03°♏40'	06°♐01'	26°♐36' D	28°♎34'
1 Nov 1983	12°♐24'	07°♏19'	07°♐30'	27°♐13'	29°♎48'
1 Dec 1983	18°♐53'	10°♏51'	09°♐17'	28°♐11'	00°♏56'

GMT +0:00 Tropical Geocentric Long	Jupiter ♃	Saturn ♄	Uranus ♅	Neptune ♆	Pluto ♇
1 Jan 1984	25°♐54'	13°♏56'	11°♐08'	29°♐20'	01°♏47'
1 Feb 1984	02°♑34'	15°♏54'	12°♐38'	00°♑25'	02°♏08'
1 Mar 1984	07°♑50'	16°♏21' ℞	13°♐25'	01°♑07'	01°♏56' ℞
1 Apr 1984	11°♑41'	15°♏18'	13°♐28' ℞	01°♑25'	01°♏17'
1 May 1984	12°♑57' ℞	13°♏15'	12°♐47'	01°♑12' ℞	00°♏27'
1 Jun 1984	11°♑23'	11°♏03'	11°♐36'	00°♑34'	29°♎42'
1 Jul 1984	07°♑54'	09°♏49'	10°♐26'	29°♐47'	29°♎20'
1 Aug 1984	04°♑24'	09°♏59' D	09°♐39'	29°♐03'	29°♎27' D
1 Sep 1984	03°♑07' D	11°♏38'	09°♐36' D	28°♐40'	00°♏06'
1 Oct 1984	04°♑42'	14°♏20'	10°♐20'	28°♐46' D	01°♏06'
1 Nov 1984	08°♑50'	17°♏50'	11°♐45'	29°♐22'	02°♏20'
1 Dec 1984	14°♑32'	21°♏24'	13°♐30'	00°♑19'	03°♏28'
1 Jan 1985	21°♑27'	24°♏43'	15°♐21'	01°♑29'	04°♏21'
1 Feb 1985	28°♑41'	27°♏07'	16°♐54'	02°♑33'	04°♏44'
1 Mar 1985	04°♒57'	28°♏05'	17°♐46'	03°♑16'	04°♏35' ℞
1 Apr 1985	10°♒56'	27°♏37' ℞	17°♐57' ℞	03°♑36'	03°♏58'
1 May 1985	15°♒05'	25°♏54'	17°♐21'	03°♑26' ℞	03°♏09'
1 Jun 1985	16°♒56'	23°♏38'	16°♐13'	02°♑50'	02°♏22'
1 Jul 1985	15°♒54' ℞	21°♏57'	15°♐01'	02°♑02'	01°♏57'
1 Aug 1985	12°♒29'	21°♏29' D	14°♐09'	01°♑17'	02°♏02' D
1 Sep 1985	08°♒45'	22°♏33'	13°♐59' D	00°♑52'	02°♏38'
1 Oct 1985	07°♒07'	24°♏51'	14°♐36'	00°♑56' D	03°♏36'
1 Nov 1985	08°♒26' D	28°♏07'	15°♐55'	01°♑30'	04°♏50'
1 Dec 1985	12°♒19'	01°♐39'	17°♐37'	02°♑26'	05°♏59'
1 Jan 1986	18°♒15'	05°♐09'	19°♐30'	03°♑35'	06°♏54'
1 Feb 1986	25°♒17'	07°♐56'	21°♐06'	04°♑40'	07°♏20'
1 Mar 1986	01°♓59'	09°♐25'	22°♐03'	05°♑25'	07°♏14' ℞
1 Apr 1986	09°♓11'	09°♐34' ℞	22°♐21' ℞	05°♑47'	06°♏39'
1 May 1986	15°♓21'	08°♐17'	21°♐53'	05°♑39' ℞	05°♏50'
1 Jun 1986	20°♓10'	06°♐07'	20°♐48'	05°♑05'	05°♏03'
1 Jul 1986	22°♓38'	04°♐07'	19°♐36'	04°♑18'	04°♏35'
1 Aug 1986	22°♓15' ℞	03°♐05'	18°♐39'	03°♑32'	04°♏36' D
1 Sep 1986	19°♓09'	03°♐33' D	18°♐21' D	03°♑05'	05°♏10'
1 Oct 1986	15°♓19'	05°♐22'	18°♐51'	03°♑06' D	06°♏07'
1 Nov 1986	13°♓03'	08°♐20'	20°♐04'	03°♑38'	07°♏19'
1 Dec 1986	13°♓49' D	11°♐46'	21°♐43'	04°♑32'	08°♏30'

GMT +0:00 Tropical Geocentric Long	Jupiter ♃	Saturn ♄	Uranus ♅	Neptune ♆	Pluto ♇
1 Jan 1987	17°♓30'	15°♐22'	23°♐35'	05°♑41'	09°♏27'
1 Feb 1987	23°♓17'	18°♐29'	25°♐15'	06°♑47'	09°♏56'
1 Mar 1987	29°♓34'	20°♐24'	26°♐18'	07°♑33'	09°♏53' ℞
1 Apr 1987	07°♈01'	21°♐09' ℞	26°♐43'	07°♑58'	09°♏20'
1 May 1987	14°♈08'	20°♐24'	26°♐21' ℞	07°♑53' ℞	08°♏32'
1 Jun 1987	20°♈47'	18°♐28'	25°♐21'	07°♑20'	07°♏43'
1 Jul 1987	25°♈56'	16°♐19'	24°♐08'	06°♑33'	07°♏13'
1 Aug 1987	29°♈09'	14°♐48'	23°♐07'	05°♑47'	07°♏12' D
1 Sep 1987	29°♈29' ℞	14°♐39' D	22°♐43'	05°♑18'	07°♏42'
1 Oct 1987	26°♈57'	15°♐58'	23°♐05' D	05°♑16' D	08°♏37'
1 Nov 1987	22°♈54'	18°♐33'	24°♐12'	05°♑46'	09°♏49'
1 Dec 1987	20°♈07'	21°♐49'	25°♐48'	06°♑38'	11°♏00'
1 Jan 1988	20°♈14' D	25°♐27'	27°♐39'	07°♑47'	11°♏59'
1 Feb 1988	23°♈25'	28°♐49'	29°♐22'	08°♑54'	12°♏31'
1 Mar 1988	28°♈26'	01°♑11'	00°♑31'	09°♑43'	12°♏30' ℞
1 Apr 1988	05°♉08'	02°♑28'	01°♑02'	10°♑09'	11°♏59'
1 May 1988	12°♉12'	02°♑13' ℞	00°♑45' ℞	10°♑05' ℞	11°♏12'
1 Jun 1988	19°♉31'	00°♑38'	29°♐49'	09°♑33'	10°♏22'
1 Jul 1988	26°♉03'	28°♐28'	28°♐37'	08°♑47'	09°♏51'
1 Aug 1988	01°♊37'	26°♐36'	27°♐32'	08°♑00'	09°♏47' D
1 Sep 1988	05°♊13'	25°♐55' D	27°♐03'	07°♑30'	10°♏16'
1 Oct 1988	06°♊03' ℞	26°♐43'	27°♐19' D	07°♑27' D	11°♏09'
1 Nov 1988	03°♊53'	28°♐55'	28°♐21'	07°♑55'	12°♏21'
1 Dec 1988	29°♉58'	01°♑58'	29°♐54'	08°♑47'	13°♏32'
1 Jan 1989	26°♉43'	05°♑35'	01°♑45'	09°♑55'	14°♏33'
1 Feb 1989	26°♉19' D	09°♑06'	03°♑29'	11°♑03'	15°♏07'
1 Mar 1989	28°♉38'	11°♑43'	04°♑40'	11°♑51'	15°♏08' ℞
1 Apr 1989	03°♊27'	13°♑31'	05°♑18'	12°♑20'	14°♏40'
1 May 1989	09°♊33'	13°♑52' ℞	05°♑08' ℞	12°♑18' ℞	13°♏53'
1 Jun 1989	16°♊34'	12°♑45'	04°♑16'	11°♑48'	13°♏03'
1 Jul 1989	23°♊29'	10°♑44'	03°♑05'	11°♑03'	12°♏30'
1 Aug 1989	00°♋12'	08°♑35'	01°♑58'	10°♑15'	12°♏23' D
1 Sep 1989	05°♋52'	07°♑23'	01°♑22'	09°♑43'	12°♏48'
1 Oct 1989	09°♋36'	07°♑37' D	01°♑31' D	09°♑38' D	13°♏40'
1 Nov 1989	10°♋51' ℞	09°♑19'	02°♑27'	10°♑03'	14°♏50'
1 Dec 1989	09°♋06'	12°♑05'	03°♑55'	10°♑53'	16°♏02'

GMT +0:00 Tropical Geocentric Long	Jupiter ♃	Saturn ♄	Uranus ♅	Neptune ♆	Pluto ♇
1 Jan 1990	05°♋12' ℞	15°♑35'	05°♑45'	12°♑01'	17°♏04'
1 Feb 1990	01°♋44'	19°♑13'	07°♑31'	13°♑09'	17°♏41'
1 Mar 1990	00°♋50' D	22°♑07'	08°♑46'	13°♑59'	17°♏45' ℞
1 Apr 1990	02°♋45'	24°♑24'	09°♑31'	14°♑30'	17°♏19'
1 May 1990	06°♋56'	25°♑19'	09°♑28' ℞	14°♑31' ℞	16°♏34'
1 Jun 1990	12°♋48'	24°♑45' ℞	08°♑41'	14°♑03'	15°♏43'
1 Jul 1990	19°♋18'	23°♑01'	07°♑32'	13°♑18'	15°♏08'
1 Aug 1990	26°♋14'	20°♑46'	06°♑22'	12°♑30'	14°♏58' D
1 Sep 1990	02°♌50'	19°♑06'	05°♑40'	11°♑56'	15°♏21'
1 Oct 1990	08°♌18'	18°♑45' D	05°♑42' D	11°♑48' D	16°♏10'
1 Nov 1990	12°♌14'	19°♑55'	06°♑31'	12°♑11'	17°♏19'
1 Dec 1990	13°♌35' ℞	22°♑19'	07°♑55'	13°♑00'	18°♏31'
1 Jan 1991	11°♌58'	25°♑39'	09°♑43'	14°♑07'	19°♏35'
1 Feb 1991	08°♌11'	29°♑19'	11°♑31'	15°♑15'	20°♏14'
1 Mar 1991	04°♌55'	02°♒26'	12°♑50'	16°♑07'	20°♏21' ℞
1 Apr 1991	03°♌33' D	05°♒09'	13°♑41'	16°♑40'	19°♏58'
1 May 1991	05°♌03'	06°♒37'	13°♑44' ℞	16°♑43' ℞	19°♏14'
1 Jun 1991	08°♌59'	06°♒39' ℞	13°♑04'	16°♑17'	18°♏23'
1 Jul 1991	14°♌22'	05°♒20'	11°♑57'	15°♑34'	17°♏46'
1 Aug 1991	20°♌49'	03°♒08'	10°♑45'	14°♑45'	17°♏33' D
1 Sep 1991	27°♌34'	01°♒06'	09°♑58'	14°♑09'	17°♏53'
1 Oct 1991	03°♍52'	00°♒12'	09°♑53' D	13°♑59' D	18°♏40'
1 Nov 1991	09°♍27'	00°♒47' D	10°♑35'	14°♑20'	19°♏48'
1 Dec 1991	13°♍14'	02°♒45'	11°♑55'	15°♑07'	21°♏00'
1 Jan 1992	14°♍37' ℞	05°♒51'	13°♑40'	16°♑12'	22°♏05'
1 Feb 1992	13°♍01'	09°♒29'	15°♑29'	17°♑22'	22°♏47'
1 Mar 1992	09°♍33'	12°♒51'	16°♑54'	18°♑16'	22°♏56' ℞
1 Apr 1992	05°♍58'	15°♒55'	17°♑49'	18°♑51'	22°♏35'
1 May 1992	04°♍37' D	17°♒52'	17°♑58' ℞	18°♑55' ℞	21°♏52'
1 Jun 1992	06°♍03'	18°♒28' ℞	17°♑23'	18°♑31'	21°♏01'
1 Jul 1992	09°♍43'	17°♒36'	16°♑18'	17°♑48'	20°♏23'
1 Aug 1992	15°♍08'	15°♒36'	15°♑05'	16°♑59'	20°♏08' D
1 Sep 1992	21°♍29'	13°♒23'	14°♑14'	16°♑22'	20°♏26'
1 Oct 1992	27°♍57'	12°♒00'	14°♑04' D	16°♑11' D	21°♏11'
1 Nov 1992	04°♎23'	12°♒02' D	14°♑41'	16°♑30'	22°♏18'
1 Dec 1992	09°♎42'	13°♒33'	15°♑56'	17°♑15'	23°♏30'

GMT +0:00 Tropical Geocentric Long	Jupiter ♃	Saturn ♄	Uranus ♅	Neptune ♆	Pluto ♇
1 Jan 1993	13°♎29'	16°♒21'	17°♑40'	18°♑21'	24°♏36'
1 Feb 1993	14°♎40' ℞	19°♒53'	19°♑29'	19°♑30'	25°♏19'
1 Mar 1993	13°♎13'	23°♒14'	20°♑53'	20°♑24'	25°♏31' ℞
1 Apr 1993	09°♎36'	26°♒36'	21°♑55'	21°♑01'	25°♏12'
1 May 1993	06°♎10'	29°♒01'	22°♑10' ℞	21°♑08' ℞	24°♏31'
1 Jun 1993	04°♎45'	00°♓15'	21°♑41'	20°♑45'	23°♏40'
1 Jul 1993	06°♎03' D	29°♒58' ℞	20°♑40'	20°♑03'	23°♏00'
1 Aug 1993	09°♎45'	28°♒20'	19°♑26'	19°♑14'	22°♏43'
1 Sep 1993	15°♎08'	26°♒03'	18°♑30'	18°♑36'	22°♏57' D
1 Oct 1993	21°♎17'	24°♒14'	18°♑13' D	18°♑22' D	23°♏40'
1 Nov 1993	27°♎59'	23°♒38' D	18°♑43'	18°♑39'	24°♏45'
1 Dec 1993	04°♏14'	24°♒36'	19°♑53'	19°♑23'	25°♏57'
1 Jan 1994	09°♏45'	27°♒00'	21°♑34'	20°♑27'	27°♏04'
1 Feb 1994	13°♏29'	00°♓21'	23°♑23'	21°♑37'	27°♏50'
1 Mar 1994	14°♏39' ℞	03°♓43'	24°♑51'	22°♑31'	28°♏04'
1 Apr 1994	13°♏09'	07°♓19'	25°♑58'	23°♑11'	27°♏48' ℞
1 May 1994	09°♏42'	10°♓10'	26°♑20' ℞	23°♑20' ℞	27°♏09'
1 Jun 1994	06°♏11'	11°♓59'	25°♑57'	23°♑00'	26°♏18'
1 Jul 1994	04°♏46'	12°♓21' ℞	25°♑00'	22°♑19'	25°♏36'
1 Aug 1994	06°♏04' D	11°♓13'	23°♑46'	21°♑30'	25°♏17'
1 Sep 1994	09°♏48'	09°♓03'	22°♑46'	20°♑50'	25°♏28' D
1 Oct 1994	15°♏04'	06°♓56'	22°♑23'	20°♑34'	26°♏08'
1 Nov 1994	21°♏31'	05°♓44'	22°♑46' D	20°♑48' D	27°♏12'
1 Dec 1994	28°♏09'	06°♓05' D	23°♑50'	21°♑30'	28°♏23'
1 Jan 1995	04°♐43'	07°♓59'	25°♑28'	22°♑34'	29°♏31'
1 Feb 1995	10°♐19'	11°♓03'	27°♑17'	23°♑40'	00°♐19'
1 Mar 1995	13°♐52'	14°♓23'	28°♑47'	24°♑39'	00°♐36'
1 Apr 1995	15°♐22'	18°♓08'	29°♑59'	25°♑21'	00°♐23' ℞
1 May 1995	14°♐04' ℞	21°♓21'	00°♒27'	25°♑32' ℞	29°♏45'
1 Jun 1995	10°♐34'	23°♓43'	00°♒11' ℞	25°♑15'	28°♏55'
1 Jul 1995	07°♐06'	24°♓43'	29°♑18'	24°♑35'	28°♏12'
1 Aug 1995	05°♐32'	24°♓12' ℞	28°♑05'	23°♑46'	27°♏49'
1 Sep 1995	06°♐48' D	22°♓22'	27°♑01'	23°♑04'	27°♏58' D
1 Oct 1995	10°♐27'	20°♓06'	26°♑32'	22°♑46'	28°♏35'
1 Nov 1995	16°♐00'	18°♓22'	26°♑48' D	22°♑58' D	29°♏37'
1 Dec 1995	22°♐26'	18°♓04' D	27°♑47'	23°♑38'	00°♐48'

GMT +0:00 Tropical Geocentric Long	Jupiter ♃	Saturn ♄	Uranus ♅	Neptune ♆	Pluto ♇
1 Jan 1996	29°♐28'	19°♓23'	29°♑21'	24°♑40'	01°♐56'
1 Feb 1996	06°♑15'	22°♓05'	01°♒09'	25°♑50'	02°♐46'
1 Mar 1996	11°♑44'	25°♓24'	02°♒44'	26°♑49'	03°♐06'
1 Apr 1996	15°♑56'	29°♓13'	03°♒59'	27°♑31'	02°♐55' ℞
1 May 1996	17°♑38'	02°♈41'	04°♒33'	27°♑45' ℞	02°♐19'
1 Jun 1996	16°♑30' ℞	05°♈32'	04°♒22' ℞	27°♑28'	01°♐28'
1 Jul 1996	13°♑12'	07°♈07'	03°♒32'	26°♑50'	00°♐45'
1 Aug 1996	09°♑31'	07°♈15' ℞	02°♒20'	26°♑00'	00°♐21'
1 Sep 1996	07°♑49'	05°♈51'	01°♒14'	25°♑18'	00°♐27' D
1 Oct 1996	08°♑59' D	03°♈38'	00°♒40'	24°♑59'	01°♐03'
1 Nov 1996	12°♑48'	01°♈31'	00°♒50' D	25°♑09' D	02°♐03'
1 Dec 1996	18°♑20'	00°♈36'	01°♒45'	25°♑48'	03°♐13'
1 Jan 1997	25°♑10'	01°♈20' D	03°♒16'	26°♑49'	04°♐23'
1 Feb 1997	02°♒26'	03°♈35'	05°♒03'	27°♑59'	05°♐14'
1 Mar 1997	08°♒48'	06°♈34'	06°♒36'	28°♑57'	05°♐35'
1 Apr 1997	15°♒00'	10°♈22'	07°♒56'	29°♑41'	05°♐26' ℞
1 May 1997	19°♒30'	14°♈03'	08°♒36'	29°♑57'	04°♐52'
1 Jun 1997	21°♒48'	17°♈19'	08°♒31' ℞	29°♑43' ℞	04°♐03'
1 Jul 1997	21°♒14' ℞	19°♈30'	07°♒47'	29°♑06'	03°♐18'
1 Aug 1997	18°♒06'	20°♈21'	06°♒36'	28°♑16'	02°♐52'
1 Sep 1997	14°♒14'	19°♈35' ℞	05°♒28'	27°♑33'	02°♐55' D
1 Oct 1997	12°♒10'	17°♈37'	04°♒48'	27°♑11'	03°♐28'
1 Nov 1997	13°♒01' D	15°♈15'	04°♒52' D	27°♑19' D	04°♐26'
1 Dec 1997	16°♒33'	13°♈44'	05°♒40'	27°♑56'	05°♐36'
1 Jan 1998	22°♒14'	13°♈45' D	07°♒07'	28°♑56'	06°♐45'
1 Feb 1998	29°♒11'	15°♈26'	08°♒53'	00°♒06'	07°♐38'
1 Mar 1998	05°♓53'	18°♈05'	10°♒27'	01°♒04'	08°♐01'
1 Apr 1998	13°♓11'	21°♈46'	11°♒52'	01°♒51'	07°♐56' ℞
1 May 1998	19°♓32'	25°♈32'	12°♒37'	02°♒09'	07°♐24'
1 Jun 1998	24°♓41'	29°♈09'	12°♒39' ℞	01°♒57' ℞	06°♐35'
1 Jul 1998	27°♓35'	01°♉52'	11°♒59'	01°♒22'	05°♐50'
1 Aug 1998	27°♓44' ℞	03°♉26'	10°♒51'	00°♒33'	05°♐21'
1 Sep 1998	25°♓00'	03°♉23' ℞	09°♒41'	29°♑48'	05°♐21' D
1 Oct 1998	21°♓07'	01°♉53'	08°♒56'	29°♑24'	05°♐51'
1 Nov 1998	18°♓25'	29°♈30'	08°♒53' D	29°♑30' D	06°♐48'
1 Dec 1998	18°♓40' D	27°♈30'	09°♒35'	00°♒04'	07°♐56'

GMT +0:00 Tropical Geocentric Long	Jupiter ♃	Saturn ♄	Uranus ♅	Neptune ♆	Pluto ♇
1 Jan 1999	21°♓56'	26°♈46'	10°♒57'	01°♒03'	09°♐06'
1 Feb 1999	27°♓26'	27°♈46'	12°♒41'	02°♒13'	10°♐01'
1 Mar 1999	03°♈36'	29°♈59'	14°♒17'	03°♒12'	10°♐26'
1 Apr 1999	11°♈00'	03°♉25'	15°♒45'	04°♒00'	10°♐24' ℞
1 May 1999	18°♈10'	07°♉12'	16°♒36'	04°♒21'	09°♐54'
1 Jun 1999	24°♈59'	11°♉02'	16°♒45' ℞	04°♒12' ℞	09°♐06'
1 Jul 1999	00°♉24'	14°♉13'	16°♒10'	03°♒38'	08°♐20'
1 Aug 1999	04°♉02'	16°♉26'	15°♒05'	02°♒49'	07°♐49'
1 Sep 1999	04°♉54' ℞	17°♉10' ℞	13°♒53'	02°♒03'	07°♐47' D
1 Oct 1999	02°♉49'	16°♉18'	13°♒03'	01°♒38'	08°♐14'
1 Nov 1999	28°♈49'	14°♉08'	12°♒53' D	01°♒40' D	09°♐08'
1 Dec 1999	25°♈40'	11°♉50'	13°♒29'	02°♒12'	10°♐15'
1 Jan 2000	25°♈13' D	10°♉24'	14°♒47'	03°♒10'	11°♐26'
1 Feb 2000	27°♈56'	10°♉39' D	16°♒29'	04°♒19'	12°♐22'
1 Mar 2000	02°♉40'	12°♉24'	18°♒09'	05°♒21'	12°♐50'
1 Apr 2000	09°♉10'	15°♉30'	19°♒39'	06°♒11'	12°♐49' ℞
1 May 2000	16°♉10'	19°♉10'	20°♒34'	06°♒33'	12°♐20'
1 Jun 2000	23°♉29'	23°♉08'	20°♒48' ℞	06°♒25' ℞	11°♐33'
1 Jul 2000	00°♊08'	26°♉38'	20°♒18'	05°♒52'	10°♐47'
1 Aug 2000	05°♊56'	29°♉25'	19°♒15'	05°♒04'	10°♐15'
1 Sep 2000	09°♊55'	00°♊51'	18°♒02'	04°♒17'	10°♐11' D
1 Oct 2000	11°♊13' ℞	00°♊40' ℞	17°♒09'	03°♒50'	10°♐36'
1 Nov 2000	09°♊31'	28°♉57'	16°♒54' D	03°♒51' D	11°♐29'
1 Dec 2000	05°♊45'	26°♉33'	17°♒25'	04°♒22'	12°♐35'
1 Jan 2001	02°♊11'	24°♉35'	18°♒39'	05°♒19'	13°♐46'
1 Feb 2001	01°♊15' D	24°♉06' D	20°♒19'	06°♒28'	14°♐42'
1 Mar 2001	03°♊08'	25°♉10'	21°♒55'	07°♒29'	15°♐11'
1 Apr 2001	07°♊36'	27°♉47'	23°♒29'	08°♒20'	15°♐13' ℞
1 May 2001	13°♊29'	01°♊13'	24°♒30'	08°♒45'	14°♐46'
1 Jun 2001	20°♊23'	05°♊11'	24°♒50' ℞	08°♒39' ℞	14°♐00'
1 Jul 2001	27°♊17'	08°♊56'	24°♒25'	08°♒08'	13°♐14'
1 Aug 2001	04°♋05'	12°♊12'	23°♒26'	07°♒20'	12°♐40'
1 Sep 2001	09°♋56'	14°♊21'	22°♒13'	06°♒33'	12°♐33' D
1 Oct 2001	13°♋59'	14°♊57' ℞	21°♒16'	06°♒04'	12°♐56'
1 Nov 2001	15°♋41'	13°♊53'	20°♒54' D	06°♒02' D	13°♐46'
1 Dec 2001	14°♋22' ℞	11°♊41'	21°♒19'	06°♒31'	14°♐51'

GMT +0:00 Tropical Geocentric Long	Jupiter ♃	Saturn ♄	Uranus ♅	Neptune ♆	Pluto ♇
1 Jan 2001	02°♊11' ℞	24°♉35' ℞	18°♒39'	05°♒19'	13°♐46'
1 Feb 2001	01°♊15' D	24°♉06' D	20°♒19'	06°♒28'	14°♐42'
1 Mar 2001	03°♊08'	25°♉10'	21°♒55'	07°♒29'	15°♐11'
1 Apr 2001	07°♊36'	27°♉47'	23°♒29'	08°♒20'	15°♐13' ℞
1 May 2001	13°♊29'	01°♊13'	24°♒30'	08°♒45'	14°♐46'
1 Jun 2001	20°♊23'	05°♊11'	24°♒50' ℞	08°♒39' ℞	14°♐00'
1 Jul 2001	27°♊17'	08°♊56'	24°♒25'	08°♒08'	13°♐14'
1 Aug 2001	04°♋05'	12°♊12'	23°♒26'	07°♒20'	12°♐40'
1 Sep 2001	09°♋56'	14°♊21'	22°♒13'	06°♒33'	12°♐33' D
1 Oct 2001	13°♋59'	14°♊57' ℞	21°♒16'	06°♒04'	12°♐56'
1 Nov 2001	15°♋41'	13°♊53'	20°♒54' D	06°♒02' D	13°♐46'
1 Dec 2001	14°♋22' ℞	11°♊41'	21°♒19'	06°♒31'	14°♐51'
1 Jan 2002	10°♋40'	09°♊19'	22°♒27'	07°♒26'	16°♐02'
1 Feb 2002	06°♋57'	08°♊04'	24°♒05'	08°♒35'	17°♐00'
1 Mar 2002	05°♋37'	08°♊26' D	25°♒41'	09°♒36'	17°♐31'
1 Apr 2002	07°♋04' D	10°♊25'	27°♒18'	10°♒29'	17°♐35' ℞
1 May 2002	10°♋55'	13°♊30'	28°♒23'	10°♒56'	17°♐11'
1 Jun 2002	16°♋34'	17°♊21'	28°♒50'	10°♒53' ℞	16°♐26'
1 Jul 2002	22°♋56'	21°♊13'	28°♒31' ℞	10°♒23'	15°♐39'
1 Aug 2002	29°♋50'	24°♊51'	27°♒35'	09°♒36'	15°♐04'
1 Sep 2002	06°♌29'	27°♊37'	26°♒22'	08°♒48'	14°♐54' D
1 Oct 2002	12°♌07'	28°♊58'	25°♒22'	08°♒17'	15°♐14'
1 Nov 2002	16°♌20'	28°♊42' ℞	24°♒54'	08°♒13' D	16°♐02'
1 Dec 2002	18°♌05'	26°♊56'	25°♒12' D	08°♒40'	17°♐06'
1 Jan 2003	16°♌53' ℞	24°♊26'	26°♒15'	09°♒33'	18°♐16'
1 Feb 2003	13°♌17'	22°♊33'	27°♒50'	10°♒42'	19°♐15'
1 Mar 2003	09°♌51'	22°♊10' D	29°♒26'	11°♒43'	19°♐48'
1 Apr 2003	08°♌04'	23°♊25'	01°♓05'	12°♒38'	19°♐55' ℞
1 May 2003	09°♌09' D	26°♊01'	02°♓15'	13°♒07'	19°♐33'
1 Jun 2003	12°♌46'	29°♊36'	02°♓48'	13°♒07' ℞	18°♐50'
1 Jul 2003	17°♌56'	03°♋28'	02°♓36' ℞	12°♒39'	18°♐03'
1 Aug 2003	24°♌16'	07°♋21'	01°♓44'	11°♒53'	17°♐26'
1 Sep 2003	01°♍00'	10°♋36'	00°♓32'	11°♒04'	17°♐14' D
1 Oct 2003	07°♍20'	12°♋39'	29°♒28'	10°♒31'	17°♐31'
1 Nov 2003	13°♍04'	13°♋12' ℞	28°♒55'	10°♒25' D	18°♐17'
1 Dec 2003	17°♍07'	12°♋05'	29°♒06' D	10°♒49'	19°♐19'

GMT +0:00 Tropical Geocentric Long	Jupiter ♃	Saturn ♄	Uranus ♅	Neptune ♆	Pluto ♇
1 Jan 2004	18°♍53'	09°♋45' ℞	00°♓03'	11°♒41'	20°♐29'
1 Feb 2004	17°♍40' ℞	07°♋25'	01°♓35'	12°♒48'	21°♐29'
1 Mar 2004	14°♍22'	06°♋19'	03°♓14'	13°♒53'	22°♐05'
1 Apr 2004	10°♍38'	06°♋49' D	04°♓54'	14°♒48'	22°♐13' ℞
1 May 2004	08°♍56'	08°♋51'	06°♓08'	15°♒19'	21°♐53'
1 Jun 2004	09°♍58' D	12°♋05'	06°♓45'	15°♒20' ℞	21°♐10'
1 Jul 2004	13°♍21'	15°♋50'	06°♓37' ℞	14°♒53'	20°♐24'
1 Aug 2004	18°♍33'	19°♋49'	05°♓49'	14°♒08'	19°♐46'
1 Sep 2004	24°♍48'	23°♋25'	04°♓38'	13°♒19'	19°♐32' D
1 Oct 2004	01°♎15'	26°♋01'	03°♓33'	12°♒45'	19°♐48'
1 Nov 2004	07°♎45'	27°♋17'	02°♓55'	12°♒37' D	20°♐32'
1 Dec 2004	13°♎14'	26°♋52' ℞	03°♓01' D	13°♒00'	21°♐33'
1 Jan 2005	17°♎17'	24°♋55'	03°♓54'	13°♒50'	22°♐43'
1 Feb 2005	18°♎51'	22°♋26'	05°♓23'	14°♒58'	23°♐43'
1 Mar 2005	17°♎44' ℞	20°♋48'	06°♓58'	16°♒00'	24°♐19'
1 Apr 2005	14°♎18'	20°♋29' D	08°♓40'	16°♒57'	24°♐30' ℞
1 May 2005	10°♎44'	21°♋48'	09°♓57'	17°♒30'	24°♐12'
1 Jun 2005	08°♎57'	24°♋32'	10°♓41'	17°♒33' ℞	23°♐31'
1 Jul 2005	09°♎53' D	28°♋01'	10°♓39' ℞	17°♒09'	22°♐44'
1 Aug 2005	13°♎18'	01°♌59'	09°♓56'	16°♒24'	22°♐05'
1 Sep 2005	18°♎30'	05°♌49'	08°♓47'	15°♒35'	21°♐49'
1 Oct 2005	24°♎34'	08°♌54'	07°♓39'	14°♒59'	22°♐02' D
1 Nov 2005	01°♏16'	10°♌53'	06°♓56'	14°♒49' D	22°♐44'
1 Dec 2005	07°♏36'	11°♌14' ℞	06°♓56' D	15°♒09'	23°♐44'
1 Jan 2006	13°♏18'	09°♌55'	07°♓43'	15°♒58'	24°♐53'
1 Feb 2006	17°♏19'	07°♌31'	09°♓07'	17°♒05'	25°♐51'
1 Mar 2006	18°♏50'	05°♌29'	10°♓41'	18°♒08'	26°♐31'
1 Apr 2006	17°♏43' ℞	04°♌23'	12°♓25'	19°♒06'	26°♐45' ℞
1 May 2006	14°♏27'	04°♌57' D	13°♓46'	19°♒41'	26°♐29'
1 Jun 2006	10°♏47'	07°♌04'	14°♓35'	19°♒47' ℞	25°♐49'
1 Jul 2006	09°♏01'	10°♌11'	14°♓40' ℞	19°♒25'	25°♐03'
1 Aug 2006	09°♏56' D	14°♌00'	14°♓02'	18°♒41'	24°♐23'
1 Sep 2006	13°♏24'	17°♌57'	12°♓55'	17°♒51'	24°♐04'
1 Oct 2006	18°♏29'	21°♌21'	11°♓46'	17°♒14'	24°♐15' D
1 Nov 2006	24°♏52'	23°♌56'	10°♓57'	17°♒01' D	24°♐54'
1 Dec 2006	01°♐30'	25°♌02'	10°♓51' D	17°♒19'	25°♐53'

GMT +0:00 Tropical Geocentric Long	Jupiter ♃	Saturn ♄	Uranus ♅	Neptune ♆	Pluto ♇
1 Jan 2007	08°♐11'	24°♌27' ℞	11°♓32'	18°♒06'	27°♐01'
1 Feb 2007	13°♐59'	22°♌25'	12°♓52'	19°♒12'	28°♐03'
1 Mar 2007	17°♐49'	20°♌12'	14°♓24'	20°♒15'	28°♐42'
1 Apr 2007	19°♐44'	18°♌28'	16°♓09'	21°♒15'	28°♐58' ℞
1 May 2007	18°♐49' ℞	18°♌15' D	17°♓34'	21°♒52'	28°♐44'
1 Jun 2007	15°♐32'	19°♌40'	18°♓29'	22°♒01' ℞	28°♐06'
1 Jul 2007	11°♐56'	22°♌19'	18°♓40' ℞	21°♒41'	27°♐20'
1 Aug 2007	09°♐59'	25°♌53'	18°♓08'	20°♒58'	26°♐39'
1 Sep 2007	10°♐52' D	29°♌48'	17°♓03'	20°♒08'	26°♐18'
1 Oct 2007	14°♐13'	03°♍25'	15°♓53'	19°♒30'	26°♐26' D
1 Nov 2007	19°♐36'	06°♍29'	15°♓00'	19°♒14' D	27°♐03'
1 Dec 2007	25°♐57'	08°♍14'	14°♓47' D	19°♒30'	28°♐00'
1 Jan 2008	03°♑00'	08°♍25' ℞	15°♓22'	20°♒15'	29°♐08'
1 Feb 2008	09°♑54'	06°♍57'	16°♓37'	21°♒20'	00°♑10'
1 Mar 2008	15°♑35'	04°♍42'	18°♓11'	22°♒25'	00°♑52'
1 Apr 2008	20°♑07'	02°♍33'	19°♓56'	23°♒26'	01°♑08'
1 May 2008	22°♑15'	01°♍41'	21°♓24'	24°♒04'	00°♑56' ℞
1 Jun 2008	21°♑35' ℞	02°♍24' D	22°♓23'	24°♒14' ℞	00°♑19'
1 Jul 2008	18°♑31'	04°♍30'	22°♓39' ℞	23°♒56'	29°♐34'
1 Aug 2008	14°♑43'	07°♍44'	22°♓11'	23°♒14'	28°♐52'
1 Sep 2008	12°♑36'	11°♍31'	21°♓09'	22°♒24'	28°♐30'
1 Oct 2008	13°♑21' D	15°♍15'	19°♓58'	21°♒44'	28°♐37' D
1 Nov 2008	16°♑50'	18°♍37'	19°♓01'	21°♒28'	29°♐12'
1 Dec 2008	22°♑10'	20°♍54'	18°♓44' D	21°♒42' D	00°♑08'
1 Jan 2009	28°♑55'	21°♍46' ℞	19°♓14'	22°♒25'	01°♑15'
1 Feb 2009	06°♒12'	20°♍54'	20°♓26'	23°♒30'	02°♑17'
1 Mar 2009	12°♒40'	19°♍00'	21°♓55'	24°♒33'	02°♑58'
1 Apr 2009	19°♒06'	16°♍37'	23°♓40'	25°♒35'	03°♑17'
1 May 2009	23°♒55'	15°♍08'	25°♓11'	26°♒15'	03°♑07' ℞
1 Jun 2009	26°♒41'	15°♍06' D	26°♓15'	26°♒28' ℞	02°♑32'
1 Jul 2009	26°♒37' ℞	16°♍35'	26°♓37'	26°♒11'	01°♑47'
1 Aug 2009	23°♒49'	19°♍21'	26°♓15' ℞	25°♒31'	01°♑04'
1 Sep 2009	19°♒53'	22°♍54'	25°♓17'	24°♒41'	00°♑41'
1 Oct 2009	17°♒24'	26°♍38'	24°♓06'	24°♒00'	00°♑45' D
1 Nov 2009	17°♒45' D	00°♎14'	23°♓05'	23°♒41'	01°♑18'
1 Dec 2009	20°♒54'	02°♎59'	22°♓42'	23°♒53' D	02°♑12'

GMT +0:00 Tropical Geocentric Long	Jupiter ♃	Saturn ♄	Uranus ♅	Neptune ♆	Pluto ♇
1 Jan 2010	26°♒21'	04°♎30'	23°♓05'	24°♒34'	03°♑18'
1 Feb 2010	03°♓10'	04°♎21' ℞	24°♓12'	25°♒37'	04°♑21'
1 Mar 2010	09°♓52'	02°♎52'	25°♓38'	26°♒41'	05°♑03'
1 Apr 2010	17°♓14'	00°♎30'	27°♓24'	27°♒44'	05°♑24'
1 May 2010	23°♓47'	28°♍34'	28°♓57'	28°♒26'	05°♑16' ℞
1 Jun 2010	29°♓15'	27°♍50' D	00°♈06'	28°♒42' ℞	04°♑43'
1 Jul 2010	02°♈35'	28°♍38'	00°♈34'	28°♒27'	03°♑58'
1 Aug 2010	03°♈17' ℞	00°♎52'	00°♈19' ℞	27°♒48'	03°♑15'
1 Sep 2010	00°♈59'	04°♎07'	29°♓24'	26°♒59'	02°♑50'
1 Oct 2010	27°♓07'	07°♎44'	28°♓14'	26°♒17'	02°♑51' D
1 Nov 2010	24°♓01'	11°♎28'	27°♓10'	25°♒55'	03°♑22'
1 Dec 2010	23°♓45' D	14°♎33'	26°♓41'	26°♒04' D	04°♑14'
1 Jan 2011	26°♓33'	16°♎39'	26°♓57' D	26°♒44'	05°♑19'
1 Feb 2011	01°♈45'	17°♎11' ℞	27°♓59'	27°♒45'	06°♑23'
1 Mar 2011	07°♈45'	16°♎15'	29°♓23'	28°♒49'	07°♑06'
1 Apr 2011	15°♈05'	14°♎06'	01°♈08'	29°♒53'	07°♑29'
1 May 2011	22°♈18'	11°♎54'	02°♈43'	00°♓37'	07°♑23' ℞
1 Jun 2011	29°♈15'	10°♎34'	03°♈57'	00°♓55'	06°♑51'
1 Jul 2011	04°♉55'	10°♎42' D	04°♈31'	00°♓43' ℞	06°♑07'
1 Aug 2011	08°♉57'	12°♎21'	04°♈22' ℞	00°♓06'	05°♑24'
1 Sep 2011	10°♉21' ℞	15°♎10'	03°♈32'	29°♒16'	04°♑57'
1 Oct 2011	08°♉44'	18°♎37'	02°♈22'	28°♒33'	04°♑56' D
1 Nov 2011	04°♉53'	22°♎22'	01°♈15'	28°♒09'	05°♑24'
1 Dec 2011	01°♉25'	25°♎42'	00°♈40'	28°♒15' D	06°♑14'
1 Jan 2012	00°♉25' D	28°♎17'	00°♈50' D	28°♒53'	07°♑19'
1 Feb 2012	02°♉38'	29°♎28'	01°♈47'	29°♒53'	08°♑22'
1 Mar 2012	07°♉01'	29°♎04' ℞	03°♈10'	00°♓59'	09°♑08'
1 Apr 2012	13°♉18'	27°♎17'	04°♈55'	02°♓04'	09°♑32'
1 May 2012	20°♉12'	25°♎01'	06°♈32'	02°♓49'	09°♑27' ℞
1 Jun 2012	27°♉31'	23°♎14'	07°♈49'	03°♓08'	08°♑57'
1 Jul 2012	04°♊15'	22°♎47' D	08°♈28'	02°♓58' ℞	08°♑13'
1 Aug 2012	10°♊16'	23°♎50'	08°♈24' ℞	02°♓21'	07°♑29'
1 Sep 2012	14°♊35'	26°♎14'	07°♈37'	01°♓32'	07°♑01'
1 Oct 2012	16°♊21'	29°♎26'	06°♈29'	00°♓48'	06°♑59' D
1 Nov 2012	15°♊08' ℞	03°♏08'	05°♈19'	00°♓23'	07°♑26'
1 Dec 2012	11°♊34'	06°♏37'	04°♈40'	00°♓28' D	08°♑15'

GMT +0:00 Tropical Geocentric Long	Jupiter ♃	Saturn ♄	Uranus ♅	Neptune ♆	Pluto ♇
1 Jan 2013	07°♊46' ℞	09°♏32'	04°♈45'	01°♓04'	09°♑19'
1 Feb 2013	06°♊19' D	11°♏15'	05°♈37'	02°♓03'	10°♑22'
1 Mar 2013	07°♊45'	11°♏26' ℞	06°♈55'	03°♓07'	11°♑07'
1 Apr 2013	11°♊50'	10°♏09'	08°♈39'	04°♓12'	11°♑33'
1 May 2013	17°♊29'	08°♏00'	10°♈18'	04°♓59'	11°♑30' ℞
1 Jun 2013	24°♊15'	05°♏53'	11°♈39'	05°♓21'	11°♑01'
1 Jul 2013	01°♋07'	04°♏51'	12°♈24'	05°♓13' ℞	10°♑19'
1 Aug 2013	07°♋58'	05°♏16' D	12°♈26' ℞	04°♓38'	09°♑34'
1 Sep 2013	13°♋59'	07°♏08'	11°♈45'	03°♓49'	09°♑05'
1 Oct 2013	18°♋20'	10°♏00'	10°♈38'	03°♓04'	09°♑01' D
1 Nov 2013	20°♋26'	13°♏34'	09°♈26'	02°♓37'	09°♑25'
1 Dec 2013	19°♋34' ℞	17°♏07'	08°♈42'	02°♓39' D	10°♑12'
1 Jan 2014	16°♋07'	20°♏21'	08°♈40' D	03°♓13'	11°♑15'
1 Feb 2014	12°♋13'	22°♏34'	09°♈26'	04°♓11'	12°♑18'
1 Mar 2014	10°♋29'	23°♏19'	10°♈41'	05°♓14'	13°♑04'
1 Apr 2014	11°♋28' D	22°♏36' ℞	12°♈23'	06°♓21'	13°♑31'
1 May 2014	14°♋58'	20°♏44'	14°♈03'	07°♓10'	13°♑30' ℞
1 Jun 2014	20°♋22'	18°♏28'	15°♈29'	07°♓34'	13°♑04'
1 Jul 2014	26°♋36'	16°♏57'	16°♈19'	07°♓28' ℞	12°♑22'
1 Aug 2014	03°♌27'	16°♏44' D	16°♈28' ℞	06°♓55'	11°♑37'
1 Sep 2014	10°♌09'	18°♏02'	15°♈52'	06°♓07'	11°♑06'
1 Oct 2014	15°♌55'	20°♏30'	14°♈47'	05°♓21'	11°♑00' D
1 Nov 2014	20°♌24'	23°♏52'	13°♈34'	04°♓51'	11°♑22'
1 Dec 2014	22°♌31'	27°♏25'	12°♈45'	04°♓51' D	12°♑08'
1 Jan 2015	21°♌45' ℞	00°♐51'	12°♈36' D	05°♓23'	13°♑09'
1 Feb 2015	18°♌23'	03°♐30'	13°♈16'	06°♓19'	14°♑13'
1 Mar 2015	14°♌51'	04°♐46'	14°♈27'	07°♓22'	14°♑59'
1 Apr 2015	12°♌41'	04°♐40' ℞	16°♈08'	08°♓29'	15°♑28'
1 May 2015	13°♌21' D	03°♐12'	17°♈49'	09°♓20'	15°♑29' ℞
1 Jun 2015	16°♌37'	00°♐58'	19°♈18'	09°♓46'	15°♑04'
1 Jul 2015	21°♌33'	29°♏05'	20°♈14'	09°♓43' ℞	14°♑24'
1 Aug 2015	27°♌46'	28°♏17'	20°♈29' ℞	09°♓12'	13°♑39'
1 Sep 2015	04°♍27'	28°♏59' D	19°♈59'	08°♓24'	13°♑07'
1 Oct 2015	10°♍50'	01°♐00'	18°♈57'	07°♓37'	12°♑58' D
1 Nov 2015	16°♍43'	04°♐05'	17°♈43'	07°♓06'	13°♑18'
1 Dec 2015	21°♍00'	07°♐34'	16°♈49'	07°♓03' D	14°♑02'

GMT +0:00 Tropical Geocentric Long	Jupiter ♃	Saturn ♄	Uranus ♅	Neptune ♆	Pluto ♇
1 Jan 2016	23°♍09'	11°♐08'	16°♈34'	07°♓32'	15°♑02'
1 Feb 2016	22°♍20' ℞	14°♐07'	17°♈08'	08°♓27'	16°♑05'
1 Mar 2016	19°♍16'	15°♐54'	18°♈17'	09°♓32'	16°♑54'
1 Apr 2016	15°♍25'	16°♐22' ℞	19°♈56'	10°♓39'	17°♑24'
1 May 2016	13°♍22'	15°♐21'	21°♈38'	11°♓31'	17°♑26' ℞
1 Jun 2016	14°♍00' D	13°♐17'	23°♈10'	11°♓59'	17°♑02'
1 Jul 2016	17°♍04'	11°♐11'	24°♈10'	11°♓57' ℞	16°♑22'
1 Aug 2016	22°♍04'	09°♐54'	24°♈30' ℞	11°♓27'	15°♑37'
1 Sep 2016	28°♍12'	10°♐03' D	24°♈04'	10°♓40'	15°♑05'
1 Oct 2016	04°♎38'	11°♐36'	23°♈05'	09°♓53'	14°♑55' D
1 Nov 2016	11°♎11'	14°♐23'	21°♈50'	09°♓20'	15°♑14'
1 Dec 2016	16°♎49'	17°♐44'	20°♈53'	09°♓16' D	15°♑56'
1 Jan 2017	21°♎08'	21°♐22'	20°♈33' D	09°♓44'	16°♑56'
1 Feb 2017	23°♎05'	24°♐36'	21°♈02'	10°♓38'	17°♑59'
1 Mar 2017	22°♎20' ℞	26°♐43'	22°♈05'	11°♓39'	18°♑46'
1 Apr 2017	19°♎08'	27°♐46'	23°♈42'	12°♓48'	19°♑18'
1 May 2017	15°♎27'	27°♐18' ℞	25°♈24'	13°♓41'	19°♑22' ℞
1 Jun 2017	13°♎19'	25°♐33'	26°♈59'	14°♓11'	19°♑00'
1 Jul 2017	13°♎53' D	23°♐22'	28°♈04'	14°♓12' ℞	18°♑21'
1 Aug 2017	16°♎59'	21°♐39'	28°♈31'	13°♓44'	17°♑36'
1 Sep 2017	21°♎59'	21°♐13' D	28°♈11' ℞	12°♓58'	17°♑02'
1 Oct 2017	27°♎57'	22°♐14'	27°♈16'	12°♓10'	16°♑51' D
1 Nov 2017	04°♏39'	24°♐36'	26°♈01'	11°♓35'	17°♑07'
1 Dec 2017	11°♏04'	27°♐45'	25°♈00'	11°♓29' D	17°♑48'
1 Jan 2018	16°♏56'	01°♑23'	24°♈34'	11°♓54'	18°♑46'
1 Feb 2018	21°♏15'	04°♑49'	24°♈56' D	12°♓46'	19°♑49'
1 Mar 2018	23°♏07'	07°♑18'	25°♈55'	13°♓47'	20°♑37'
1 Apr 2018	22°♏25' ℞	08°♑54'	27°♈29'	14°♓56'	21°♑10'
1 May 2018	19°♏22'	09°♑00' ℞	29°♈11'	15°♓51'	21°♑16' ℞
1 Jun 2018	15°♏35'	07°♑41'	00°♉49'	16°♓24'	20°♑55'
1 Jul 2018	13°♏29'	05°♑36'	01°♉59'	16°♓27' ℞	20°♑17'
1 Aug 2018	14°♏01' D	03°♑33'	02°♉32'	16°♓01'	19°♑33'
1 Sep 2018	17°♏09'	02°♑33'	02°♉19' ℞	15°♓15'	18°♑58'
1 Oct 2018	22°♏04'	03°♑01' D	01°♉27'	14°♓27'	18°♑45'
1 Nov 2018	28°♏21'	04°♑56'	00°♉13'	13°♓51'	18°♑59' D
1 Dec 2018	04°♐59'	07°♑49'	29°♈09'	13°♓42' D	19°♑38'

GMT +0:00 Tropical Geocentric Long	Jupiter ♃	Saturn ♄	Uranus ♅	Neptune ♆	Pluto ♇
1 Jan 2019	11°♐46'	11°♑22'	28°♈36' ℞	14°♓04'	20°♑35'
1 Feb 2019	17°♐46'	14°♑57'	28°♈52' D	14°♓55'	21°♑37'
1 Mar 2019	21°♐52'	17°♑44'	29°♈46'	15°♓55'	22°♑26'
1 Apr 2019	24°♐12'	19°♑50'	01°♉17'	17°♓05'	23°♑00'
1 May 2019	23°♐42' ℞	20°♑31' ℞	02°♉59'	18°♓01'	23°♑08' ℞
1 Jun 2019	20°♐41'	19°♑43'	04°♉39'	18°♓36'	22°♑49'
1 Jul 2019	17°♐00'	17°♑51'	05°♉54'	18°♓42' ℞	22°♑13'
1 Aug 2019	14°♐40'	15°♑38'	06°♉33'	18°♓18'	21°♑28'
1 Sep 2019	15°♐08' D	14°♑09'	06°♉27' ℞	17°♓33'	20°♑52'
1 Oct 2019	18°♐10'	14°♑02' D	05°♉40'	16°♓45'	20°♑38'
1 Nov 2019	23°♐21'	15°♑25'	04°♉27'	16°♓07'	20°♑50' D
1 Dec 2019	29°♐36'	17°♑58'	03°♉20'	15°♓55' D	21°♑27'
1 Jan 2020	06°♑40'	21°♑23'	02°♉41'	16°♓15'	22°♑23'
1 Feb 2020	13°♑40'	25°♑02'	02°♉50' D	17°♓04'	23°♑24'
1 Mar 2020	19°♑32'	28°♑09'	03°♉41'	18°♓06'	24°♑15'
1 Apr 2020	24°♑23'	00°♒40'	05°♉09'	19°♓16'	24°♑50'
1 May 2020	26°♑57'	01°♒52'	06°♉51'	20°♓13'	24°♑59' ℞
1 Jun 2020	26°♑45' ℞	01°♒36' ℞	08°♉33'	20°♓49'	24°♑41'
1 Jul 2020	24°♑01'	00°♒03'	09°♉51'	20°♓56' ℞	24°♑05'
1 Aug 2020	20°♑08'	27°♑49'	10°♉36'	20°♓34'	23°♑21'
1 Sep 2020	17°♑38'	25°♑58'	10°♉34' ℞	19°♓50'	22°♑44'
1 Oct 2020	17°♑55' D	25°♑20' D	09°♉51'	19°♓01'	22°♑29'
1 Nov 2020	21°♑02'	26°♑13'	08°♉40'	18°♓22'	22°♑40' D
1 Dec 2020	26°♑08'	28°♑24'	07°♉30'	18°♓09' D	23°♑16'
1 Jan 2021	02°♒46'	01°♒37'	06°♉47'	18°♓28'	24°♑11'
1 Feb 2021	10°♒03'	05°♒16'	06°♉51' D	19°♓16'	25°♑12'
1 Mar 2021	16°♒36'	08°♒28'	07°♉36'	20°♓15'	26°♑01'
1 Apr 2021	23°♒13'	11°♒22'	09°♉00'	21°♓25'	26°♑38'
1 May 2021	28°♒21'	13°♒06'	10°♉41'	22°♓23'	26°♑48' ℞
1 Jun 2021	01°♓34'	13°♒27' ℞	12°♉25'	23°♓02'	26°♑32'
1 Jul 2021	02°♓00' ℞	12°♒22'	13°♉47'	23°♓11' ℞	25°♑57'
1 Aug 2021	29°♒36'	10°♒16'	14°♉38'	22°♓51'	25°♑13'
1 Sep 2021	25°♒41'	08°♒08'	14°♉44' ℞	22°♓09'	24°♑36'
1 Oct 2021	22°♒49'	06°♒57'	14°♉06'	21°♓20'	24°♑19'
1 Nov 2021	22°♒38' D	07°♒14' D	12°♉56'	20°♓39'	24°♑28' D
1 Dec 2021	25°♒23'	08°♒58'	11°♉45'	20°♓24'	25°♑02'

GMT +0:00 Tropical Geocentric Long	Jupiter ♃	Saturn ♄	Uranus ♅	Neptune ♆	Pluto ♇
1 Jan 2022	00°♓32'	11°♒54'	10°♉57' ℞	20°♓40'	25°♑56'
1 Feb 2022	07°♓12'	15°♒29'	10°♉53' D	21°♓25'	26°♑56'
1 Mar 2022	13°♓51'	18°♒47'	11°♉32'	22°♓24'	27°♑46'
1 Apr 2022	21°♓17'	22°♒02'	12°♉53'	23°♓34'	28°♑23'
1 May 2022	27°♓59'	24°♒16'	14°♉32'	24°♓33'	28°♑35' ℞
1 Jun 2022	03°♈44'	25°♒14'	16°♉18'	25°♓14'	28°♑21'
1 Jul 2022	07°♈28'	24°♒42' ℞	17°♉44'	25°♓26' ℞	27°♑48'
1 Aug 2022	08°♈42' ℞	22°♒54'	18°♉41'	25°♓08'	27°♑04'
1 Sep 2022	06°♈52'	20°♒38'	18°♉53' ℞	24°♓27'	26°♑26'
1 Oct 2022	03°♈08'	18°♒59'	18°♉21'	23°♓38'	26°♑07'
1 Nov 2022	29°♓41'	18°♒39' D	17°♉15'	22°♓56'	26°♑14' D
1 Dec 2022	28°♓53' D	19°♒51'	16°♉02'	22°♓38'	26°♑46'
1 Jan 2023	01°♈11'	22°♒25'	15°♉08'	22°♓52' D	27°♑39'
1 Feb 2023	06°♈03'	25°♒51'	14°♉58' D	23°♓35'	28°♑39'
1 Mar 2023	11°♈52'	29°♒13'	15°♉31'	24°♓33'	29°♑29'
1 Apr 2023	19°♈07'	02°♓43'	16°♉47'	25°♓43'	00°♒08'
1 May 2023	26°♈19'	05°♓24'	18°♉25'	26°♓43'	00°♒21'
1 Jun 2023	03°♉23'	06°♓58'	20°♉12'	27°♓26'	00°♒09' ℞
1 Jul 2023	09°♉16'	07°♓03' ℞	21°♉42'	27°♓41' ℞	29°♑36'
1 Aug 2023	13°♉40'	05°♓42'	22°♉44'	27°♓26'	28°♑53'
1 Sep 2023	15°♉33'	03°♓29'	23°♉04' ℞	26°♓46'	28°♑15'
1 Oct 2023	14°♉26' ℞	01°♓28'	22°♉38'	25°♓57'	27°♑54'
1 Nov 2023	10°♉48'	00°♓31'	21°♉35'	25°♓13'	27°♑59' D
1 Dec 2023	07°♉06'	01°♓07' D	20°♉21'	24°♓53'	28°♑30'
1 Jan 2024	05°♉34' D	03°♓14'	19°♉23'	25°♓04' D	29°♑21'
1 Feb 2024	07°♉16'	06°♓26'	19°♉05' D	25°♓46'	00°♒21'
1 Mar 2024	11°♉18'	09°♓54'	19°♉34'	26°♓44'	01°♒12'
1 Apr 2024	17°♉21'	13°♓35'	20°♉47'	27°♓54'	01°♒51'
1 May 2024	24°♉07'	16°♓38'	22°♉23'	28°♓55'	02°♒06'
1 Jun 2024	01°♊24'	18°♓44'	24°♉10'	29°♓39'	01°♒54' ℞
1 Jul 2024	08°♊13'	19°♓25' ℞	25°♉43'	29°♓55'	01°♒22'
1 Aug 2024	14°♊24'	18°♓35'	26°♉50'	29°♓42' ℞	00°♒39'
1 Sep 2024	19°♊01'	16°♓34'	27°♉15'	29°♓03'	00°♒01'
1 Oct 2024	21°♊13'	14°♓21'	26°♉54' ℞	28°♓14'	29°♑40'
1 Nov 2024	20°♊29' ℞	12°♓52'	25°♉54'	27°♓30'	29°♑44' D
1 Dec 2024	17°♊11'	12°♓54' D	24°♉40'	27°♓08'	00°♒13'

GMT +0:00 Tropical Geocentric Long	Jupiter ♃	Saturn ♄	Uranus ♅	Neptune ♆	Pluto ♇
1 Jan 2025	13°♊12' ℞	14°♓31'	23°♉38' ℞	27°♓17'	01°♒03'
1 Feb 2025	11°♊17'	17°♓25'	23°♉15' D	27°♓58'	02°♒03'
1 Mar 2025	12°♊16' D	20°♓41'	23°♉38'	28°♓53'	02°♒53'
1 Apr 2025	15°♊58'	24°♓29'	24°♉45'	00°♈03'	03°♒33'
1 May 2025	21°♊22'	27°♓50'	26°♉19'	01°♈05'	03°♒48'
1 Jun 2025	27°♊59'	00°♈29'	28°♉06'	01°♈51'	03°♒39' ℞
1 Jul 2025	04°♋48'	01°♈48'	29°♉42'	02°♈10'	03°♒08'
1 Aug 2025	11°♋42'	01°♈38' ℞	00°♊55'	01°♈58' ℞	02°♒25'
1 Sep 2025	17°♋52'	00°♈01'	01°♊27'	01°♈21'	01°♒46'
1 Oct 2025	22°♋27'	27°♓45'	01°♊12' ℞	00°♈33'	01°♒24'
1 Nov 2025	24°♋57'	25°♓47'	00°♊16'	29°♓47'	01°♒26' D
1 Dec 2025	24°♋32' ℞	25°♓09' D	29°♉03'	29°♓23'	01°♒54'
1 Jan 2026	21°♋21'	26°♓10'	27°♉56'	29°♓30' D	02°♒43'
1 Feb 2026	17°♋21'	28°♓38'	27°♉27'	00°♈08'	03°♒41'
1 Mar 2026	15°♋15'	01°♈43'	27°♉43' D	01°♈02'	04°♒32'
1 Apr 2026	15°♋46' D	05°♈32'	28°♉45'	02°♈12'	05°♒12'
1 May 2026	18°♋54'	09°♈08'	00°♊16'	03°♈15'	05°♒30'
1 Jun 2026	24°♋04'	12°♈14'	02°♊03'	04°♈03'	05°♒21' ℞
1 Jul 2026	00°♌09'	14°♈11'	03°♊42'	04°♈24'	04°♒52'
1 Aug 2026	06°♌57'	14°♈43' ℞	05°♊00'	04°♈15' ℞	04°♒10'
1 Sep 2026	13°♌41'	13°♈40'	05°♊39'	03°♈39'	03°♒30'
1 Oct 2026	19°♌35'	11°♈34'	05°♊31' ℞	02°♈51'	03°♒07'
1 Nov 2026	24°♌19'	09°♈17'	04°♊40'	02°♈05'	03°♒07' D
1 Dec 2026	26°♌47'	08°♈01'	03°♊27'	01°♈39'	03°♒33'
1 Jan 2027	26°♌26' ℞	08°♈19' D	02°♊18'	01°♈43' D	04°♒21'
1 Feb 2027	23°♌21'	10°♈16'	01°♊42'	02°♈18'	05°♒19'
1 Mar 2027	19°♌44'	13°♈04'	01°♊52' D	03°♈11'	06°♒09'
1 Apr 2027	17°♌13'	16°♈49'	02°♊47'	04°♈21'	06°♒51'
1 May 2027	17°♌29' D	20°♈34'	04°♊15'	05°♈25'	07°♒09'
1 Jun 2027	20°♌24'	24°♈02'	06°♊02'	06°♈15'	07°♒03' ℞
1 Jul 2027	25°♌07'	26°♈33'	07°♊43'	06°♈38'	06°♒35'
1 Aug 2027	01°♍11'	27°♈48'	09°♊06'	06°♈31' ℞	05°♒53'
1 Sep 2027	07°♍50'	27°♈27' ℞	09°♊52'	05°♈58'	05°♒13'
1 Oct 2027	14°♍15'	25°♈43'	09°♊51' ℞	05°♈10'	04°♒49'
1 Nov 2027	20°♍17'	23°♈19'	09°♊05'	04°♈22'	04°♒47' D
1 Dec 2027	24°♍48'	21°♈30'	07°♊54'	03°♈54'	05°♒11'

GMT +0:00 Tropical Geocentric Long	Jupiter ♃	Saturn ♄	Uranus ♅	Neptune ♆	Pluto ♇
1 Jan 2028	27°♍18'	21°♈04'	06°♊41' ℞	03°♈55'	05°♒57'
1 Feb 2028	26°♍53' ℞	22°♈22'	05°♊59'	04°♈29'	06°♒55'
1 Mar 2028	24°♍04'	24°♈53'	06°♊03' D	05°♈22'	07°♒47'
1 Apr 2028	20°♍10'	28°♈28'	06°♊54'	06°♈32'	08°♒29'
1 May 2028	17°♍47'	02°♉16'	08°♊19'	07°♈36'	08°♒48'
1 Jun 2028	18°♍01' D	06°♉00'	10°♊05'	08°♈27'	08°♒42' ℞
1 Jul 2028	20°♍47'	08°♉58'	11°♊48'	08°♈52'	08°♒15'
1 Aug 2028	25°♍34'	10°♉53'	13°♊15'	08°♈47' ℞	07°♒34'
1 Sep 2028	01°♎35'	11°♉14' ℞	14°♊06'	08°♈14'	06°♒54'
1 Oct 2028	07°♎59'	10°♉02'	14°♊10' ℞	07°♈27'	06°♒28'
1 Nov 2028	14°♎35'	07°♉43'	13°♊29'	06°♈39'	06°♒26' D
1 Dec 2028	20°♎22'	05°♉31'	12°♊20'	06°♈09'	06°♒49'
1 Jan 2029	24°♎57'	04°♉26'	11°♊05'	06°♈09' D	07°♒35'
1 Feb 2029	27°♎16'	05°♉03' D	10°♊18'	06°♈41'	08°♒32'
1 Mar 2029	26°♎53' ℞	07°♉01'	10°♊16' D	07°♈32'	09°♒22'
1 Apr 2029	23°♎57'	10°♉17'	11°♊01'	08°♈40'	10°♒05'
1 May 2029	20°♎13'	14°♉01'	12°♊21'	09°♈45'	10°♒25'
1 Jun 2029	17°♎45'	17°♉57'	14°♊06'	10°♈38'	10°♒21' ℞
1 Jul 2029	17°♎56' D	21°♉19'	15°♊51'	11°♈05'	09°♒55'
1 Aug 2029	20°♎44'	23°♉52'	17°♊22'	11°♈03' ℞	09°♒14'
1 Sep 2029	25°♎31'	24°♉59'	18°♊19'	10°♈32'	08°♒34'
1 Oct 2029	01°♏23'	24°♉29' ℞	18°♊31' ℞	09°♈45'	08°♒08'
1 Nov 2029	08°♏04'	22°♉32'	17°♊56'	08°♈56'	08°♒04' D
1 Dec 2029	14°♏32'	20°♉08'	16°♊49'	08°♈25'	08°♒25'
1 Jan 2030	20°♏34'	18°♉23'	15°♊33'	08°♈22' D	09°♒09'
1 Feb 2030	25°♏10'	18°♉14' D	14°♊40'	08°♈52'	10°♒00'
1 Mar 2030	27°♏23'	19°♉36'	14°♊32' D	09°♈41'	10°♒56'
1 Apr 2030	27°♏06' ℞	22°♉26'	15°♊10'	10°♈49'	11°♒39'
1 May 2030	24°♏19'	25°♉59'	16°♊26'	11°♈55'	12°♒01'
1 Jun 2030	20°♏29'	29°♉59'	18°♊09'	12°♈49'	11°♒58' ℞
1 Jul 2030	18°♏03'	03°♊39'	19°♊54'	13°♈18'	11°♒34'
1 Aug 2030	18°♏11' D	06°♊43'	21°♊30'	13°♈19' ℞	10°♒54'
1 Sep 2030	21°♏00'	08°♊35'	22°♊34'	12°♈50'	10°♒13'
1 Oct 2030	25°♏43'	08°♊51' ℞	22°♊53' ℞	12°♈04'	09°♒46'
1 Nov 2030	01°♐53'	07°♊29'	22°♊25'	11°♈14'	09°♒41' D
1 Dec 2030	08°♐31'	05°♊10'	21°♊21'	10°♈41'	10°♒00'

Lebenslange Tabelle
des echten Sonnenbogen
mit der progressiven Sonne
als Schlüssel

für jeden Geburtsmonat
und für jedes Lebensjahr
von 1 bis 95 Jahre

Echter Sonnenbogen = Progressive Sonne als Direktionsschlüssel (1 Tag = 1 Jahr)

Geburt	1.Jan.	1.Feb.	1.Mrz.	1.Apr.	1.Mai.	1.Jun.	1.Jul.	1.Aug.	1.Sep.	1.Okt.	1.Nov.	1.Dez.
Alter	**Lauf der Sonne in 24 Stunden = Sonnenbogen am Geburtstag**											
01	1°01'09"	1°00'53"	1°00'13"	0°59'12"	0°58'13"	0°57'27"	0°57'12"	0°57'24"	0°58'03"	0°58'59"	1°00'01"	1°00'48"
02	02°02'	02°02'	02°00'	01°58'	01°56'	01°55'	01°54'	01°57'	01°56'	01°58'	02°00'	02°02'
03	03°03'	03°03'	03°01'	02°57'	02°55'	02°52'	02°52'	02°52'	02°54'	02°57'	03°00'	03°02'
04	04°05'	04°03'	04°01'	03°57'	03°53'	03°50'	03°49'	03°50'	03°52'	03°56'	04°00'	04°03'
05	05°06'	05°04'	05°01'	04°56'	04°51'	04°47'	04°45'	04°51'	04°51'	04°55'	05°00'	05°04'
06	06°07'	06°05'	06°01'	05°55'	05°49'	05°45'	05°43'	05°55'	05°49'	05°54'	06°01'	06°05'
07	07°08'	07°06'	07°01'	06°54'	06°47'	06°42'	06°40'	06°42'	06°47'	06°54'	07°01'	07°06'
08	08°09'	08°06'	08°01'	07°53'	07°45'	07°39'	07°38'	07°40'	07°45'	07°53'	08°01'	08°07'
09	09°10'	09°07'	09°01'	08°51'	08°43'	08°37'	08°35'	08°41'	08°43'	08°52'	09°01'	09°08'
10	10°12'	10°08'	10°01'	09°50'	09°51'	09°34'	09°32'	09°35'	09°42'	09°52'	10°02'	10°09'
11	11°12'	11°09'	11°01'	10°49'	10°39'	10°31'	10°29'	10°32'	10°40'	10°51'	11°02'	11°10'
12	12°14'	12°09'	12°00'	11°47'	11°37'	11°29'	11°26'	11°30'	11°39'	11°50'	12°02'	12°11'
13	13°15'	13°10'	13°00'	12°47'	12°35'	12°26'	12°24'	12°27'	12°37'	12°49'	13°03'	13°12'
14	14°16'	14°10'	14°00'	13°46'	13°33'	13°23'	13°21'	13°25'	13°35'	13°49'	14°03'	14°13'
15	15°17'	15°11'	15°00'	14°44'	14°30'	14°21'	14°18'	14°23'	14°34'	14°49'	15°04'	15°14'

Geburt	1.Jan.	1.Feb.	1.Mrz.	1.Apr.	1.Mai.	1.Jun.	1.Jul.	1.Aug.	1.Sep.	1.Okt.	1.Nov.	1.Dez.
Alter												
16	16°19'	16°11'	15°59'	15°43'	15°28'	15°18'	15°15'	15°20'	15°33'	15°48'	16°04'	16°15'
17	17°20'	17°12'	16°59'	16°42'	15°26'	16°15'	16'13'	16°18'	16°31	16°48'	17°05'	17°16'
18	18°21'	18°13'	17°59'	17°40'	17°24'	17°13'	17°10'	17°16'	17°30'	17°47'	18°05'	18°17'
19	19°21'	19°13'	18°59'	18°39'	13°22'	18°10'	18°07'	18°14'	18°28'	18°47'	19°06'	19°18'
20	20°23'	20°14'	19°58'	19°37'	19°19'	19°07'	19°04'	19°11'	19°27'	19°47'	20°07'	20°19'
21	21°23'	21°15'	20°58'	20°36'	20°17'	20°05'	20°02'	20°09'	20°26'	20°46'	21°07'	21°21'
22	22°25'	22°15'	21°57'	21°35'	21°15'	21°02'	20°59'	21°07'	21°24'	21°46'	22°08'	22°22'
23	23°26'	23°15'	22°57'	22°33'	22°13'	21°59'	21°56'	22°05'	22°23'	22°46'	23°08'	23°23'
24	24°27'	24°16'	23°56'	23°32'	23°10'	22°56'	22°54'	23°03'	23°22'	23°45'	24°09'	24°24'
25	25°28'	25°16'	24°56'	24°30'	24°08'	23°54'	23°51'	24°01'	24°21'	24°45'	25°10'	25°25'
26	26°29'	26°16'	25°55'	25°28'	25°05'	24°51'	24°48'	24°59'	25°20'	25°45'	26°10'	26°26'
27	27°30'	27°17'	26°55'	26°27'	26°03'	25°48'	25°46'	25°57'	26°18'	26°45'	27°11'	27°27'
28	28°31'	28°17'	27°54'	27°25'	27°01'	26°45'	26°43'	26°55'	27°17'	27°45'	28°12'	28°29'
29	29°32'	29°17'	28°53'	28°23'	27°58'	27°42'	27°40'	27°52'	28°16'	28°45'	29°13'	29°30'
30	30°32'	30°17'	29°53'	29°22'	28°56'	28°40'	28°37'	28°50'	29°15'	29°45'	30°11'	30°31'
31	31°33'	31°17'	30°52'	30°20'	29°53'	29°37'	29°35'	29°49'	30°14'	30°45'	31°14'	31°32'
32	32°34'	32°17'	31°51'	31°18'	30°51'	30°34'	30°33'	31°45'	31°13'	31°45'	32°15'	32°33'
33	33°35'	33°17'	32°49'	32°16'	31°48'	31°31'	31°30'	32°43'	32°12'	32°45'	33°16'	33°34'
34	34°35'	34°17'	33°49'	33°14'	32°46'	32°28'	32°27'	33°41'	33°11'	33°45'	34°17'	34°35'
35	35°36'	35°17'	34°48'	34°12'	33°43'	33°26'	33°25'	34°39'	34°10'	34°45'	35°18'	35°36'

Geburt	1.Jan.	1.Feb.	1.Mrz.	1.Apr.	1.Mai.	1.Jun.	1.Jul.	1.Aug.	1.Sep.	1.Okt.	1.Nov.	1.Dez.
Alter												
36	36°37’	36°18’	35°48’	35°10’	34°40’	34°23’	34°23’	35°37’	35°09’	35°46’	36°18’	36°38’
37	37°38’	37°18’	36°47’	36°09’	35°38’	35°20’	35°19’	36°35’	36°08’	36°46’	37°19’	37°39’
38	38°38’	38°18’	37°46’	37°07’	36°35’	36°18’	36°17’	37°33’	37°08’	37°46’	38°20’	38°40’
39	39°39’	39°18’	38°44’	38°05’	37°32’	37°15’	37°17’	28°32’	38°07’	38°46’	39°21’	39°41’
40	40°40’	40°17’	39°44’	39°03’	38°30’	38°12’	38°12’	38°32’	39°07’	39°47’	40°23’	40°42’
41	41°41’	41°17’	40°42’	40°01’	39°27’	39°09’	39°09’	39°30’	40°06’	40°47’	41°23’	41°43’
42	42°41’	42°17’	41°40’	40°59’	40°24’	40°06’	40°07’	40°29’	41°05’	41°47’	42°24	42°45’
43	43°42’	43°17’	42°40’	41°57’	41°22’	41°04’	41°04’	41°27’	42°04’	42°48’	43°25’	43°46’
44	44°42’	44°16’	43°39’	42°55’	42°19’	42°01’	42°02’	42°25’	43°03’	43°48’	44°26’	44°47’
45	45°43’	45°16’	44°37’	43°53’	43°16’	42°58’	43°01’	43°24’	44°03’	44°49’	45°27’	45°48’
46	46°43’	46°16’	45°36’	44°50’	44°14’	43°55’	43°57’	44°23’	45°03’	45°49’	46°28’	46°50’
47	47°44’	47°16’	46°35’	45°48’	45°11’	44°53’	44°55’	45°21’	46°02’	46°50’	47°29’	47°51’
48	48°45’	48°15’	47°33’	46°46’	46°08’	45°50’	45°53’	46°20’	47°02’	47°50’	48°30’	48°52’
49	49°45’	49°15’	48°33’	47°44’	47°06’	46°47’	46°51’	47°18’	48°01’	48°51’	49°31’	49°52’
50	50°46’	50°14’	49°30’	48°42’	48°03’	47°44’	47°48’	48°17’	49°01’	49°52’	50°32’	50°53’
51	51°47’	51°14’	50°29’	49°39’	49°00’	48°42’	48°46’	49°16’	50°01’	50°52’	51°33’	51°54’
52	52°47’	52°13’	51°28’	50°37’	49°58’	49°39’	49°44’	50°14’	51°00’	51°53’	52°35’	52°56’
53	53°47’	53°13’	52°26’	51°35’	50°55’	50°36’	50°42’	51°13’	52°00’	52°53’	53°36’	53°57’
54	54°48’	54°11’	53°25’	52°33’	51°52’	51°34’	51°40’	52°12’	53°00’	53°54’	54°37’	54°58’
55	55°48’	55°10’	54°23’	53°30’	52°49’	52°31’	52°38’	53°11’	53°59’	54°55’	55°38’	55°59’

Geburt	1.Jan.	1.Feb.	1.Mrz.	1.Apr.	1.Mai.	1.Jun.	1.Jul.	1.Aug.	1.Sep.	1.Okt.	1.Nov.	1.Dez.
Alter												
56	56°48’	56°10’	55°21’	54°28’	53°47’	53°28’	53°36’	54°10’	54°59’	55°55’	56°39’	57°00’
57	57°49’	57°09’	56°20’	55°25’	54°44’	54°26’	54°34’	55°08’	55°59’	56°56’	57°40’	58°01’
58	58°49’	58°08’	57°18’	56°23’	55°41’	55°23’	55°32’	56°07’	56°59’	57°56’	58°41’	59°02’
59	59°47’	59°08’	58°16’	57°21’	56°38’	56°20’	56°29’	57°06’	57°59’	58°58’	59°43’	60°03’
60	60°51’	60°07’	59°15’	58°18’	57°35’	57°17’	57°27’	58°05’	58°59’	59°56’	60°45’	61°03’
61	61°51’	61°05’	60°13’	59°16’	58°33’	58°14’	58°26’	59°04’	59°59’	60°59’	61°45’	62°04’
62	62°50’	62°03’	61°11’	60°13’	59°30’	59°11’	59°24’	60°02’	60°59’	62°00’	62°46’	63°05’
63	63°50’	63°01’	62°08’	61°10’	60°27’	60°09’	60°22’	61°02’	61°59’	63°01’	63°47’	64°06’
64	64°50’	63°59’	63°06’	62°08’	61°24’	61°07’	61°21’	62°01’	62°59’	64°01’	64°48’	65°07’
65	65°50’	64°57’	64°05’	63°05’	62°22’	62°05’	62°18’	63°00’	63°59’	65°02’	65°50’	66°08’
66	66°50’	65°54’	65°04’	64°03’	63°20’	63°02’	63°17’	63°59’	64°59’	66°03’	66°51’	67°08’
67	67°50’	67°00’	66°02’	65°00’	64°15’	63°59’	64°15’	64°58’	66°00’	67°04’	67°52’	68°09’
68	68°50’	67°58’	67°00’	65°58’	65°13’	64°57’	65°13’	65°58’	67°00’	68°05’	68°53’	69°10’
69	69°50’	68°56’	67°58’	66°55’	66°10’	65°55’	66°11’	66°57’	68°00’	69°06’	69°54’	70°10’
70	70°49’	69°58’	68°56’	67°52’	67°08’	66°52’	67°09’	67°56’	69°00’	70°07’	70°55’	71°11’
71	71°49’	70°57’	69°54’	68°50’	68°05’	67°49’	68°08’	68°56’	70’01’	71°08’	71°57’	72°12’
72	72°49’	71°56’	70°52’	69°47’	69°02’	68°47’	69°06’	69°55’	71°01’	72°09’	72°57’	73°13’
73	73°49’	72°55’	71°50’	70°44’	69°59’	69°44’	70°05’	70°54’	72°02’	73°10’	73°59’	74°13’
74	74°48’	73°53’	72°48’	71°42’	70°56’	70°42’	71°03’	71°53’	73°02’	74°11’	75°00’	75°14’
75	75°48’	74°52’	73°46’	72°39’	71°54’	71°41’	72°01’	72°53’	74°02’	75°12’	76°01’	76°14’

Geburt	1.Jan.	1.Feb.	1.Mrz.	1.Apr.	1.Mai.	1.Jun.	1.Jul.	1.Aug.	1.Sep.	1.Okt.	1.Nov.	1.Dez.
Alter												
76	76°48’	75°50’	74°43’	73°36’	72°51’	72°37’	73°00’	73°53’	75°03’	76°13’	77°02’	77°15’
77	77°48’	76°49’	75°41’	74°34’	73°48’	73°35’	73°59’	74°52’	76°03’	77°14’	78°04’	78°16’
78	78°47’	77°48’	76°39’	75°31’	74°45’	74°33’	74°57’	75°52’	77°04’	78°15’	79°05’	79°16’
79	79°47’	78°46’	67°37’	76°28’	75°43’	75°31’	75°56’	76°51’	78°04’	79°16’	80°05’	80°17’
80	80°46’	79°45’	78°35’	77°26’	76°40’	76°28’	76°54’	77°51’	79°05’	80°17’	81°07’	81°17’
81	81°46’	80°43’	79°32’	78°23’	77°37’	77°26’	77°53’	78°51’	80°06’	81°18’	82°08’	82°18’
82	82°45’	81°42’	80°30’	79°20’	78°34’	78°24’	78°52’	79°50’	81°06’	82°20’	83°08’	83°19’
83	83°45’	82°40’	81°28’	80°18’	79°32’	79°22’	79°50’	80°50’	82°07’	83°21’	84°10’	84°19’
84	84°44’	83°39’	82°26’	81°15’	80°29’	80°20’	80°49’	81°50’	83°07’	84°22’	85°11’	85°19’
85	85°44’	84°37’	83°23’	82°12’	81°26’	81°18’	81°48’	82°49’	84°08’	85°23’	86°12’	86°20’
86	86°43’	85°35’	84°21’	83°09’	82°24’	82°16’	82°47’	83°49’	85°09’	86°24’	87°13’	87°20’
87	87°43’	86°34’	85°18’	84°07’	83°21’	83°14’	83°46’	84°49’	86°09’	87°25’	88°14’	88°20’
88	88°42’	87°32’	86°16’	85°04’	84°18’	84°12’	84°44’	85°49’	87°10’	88°26’	89°15’	89°21’
89	89°41’	88°30’	87°14’	86°01’	85°16’	85°09’	85°43’	86°49’	88°11’	89°28’	90°16’	90°21’
90	90°40’	89°28’	88°11’	86°58’	86°13’	86°07’	86°42’	87°49’	89°12’	90°29’	91°17’	91°22’
91	91°40’	90°30’	89°09’	87°55’	87°11’	87°05’	87°41’	88°49’	89°13’	91°27’	92°17’	92°22’
92	92°39’	91°28’	90°06’	88°53’	88°08’	88°03’	88°40’	89°49’	90°13’	92°25’	93°18’	93°22’
93	93°39’	92°26’	91°04’	89°50’	89°06’	89°01’	89°39’	90°49’	91°14’	93°22’	94°19’	94°22’
94	94°38’	93°24’	92°01’	90°47’	90°03’	89°59’	90°40’	91°49’	92°14’	94°20’	95°20’	95°23’
95	95°37’	94°22’	92°59’	91°41’	91°01’	90°57’	91°37’	92°49’	93°15’	95°18’	96°20’	96°23’

Standardwerke der Astrologie

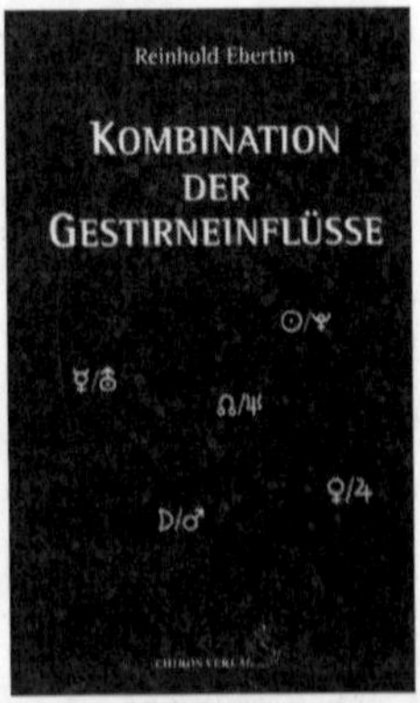

REINHOLD EBERTIN

Kombination der Gestirneinflüsse

304 Seiten, gebunden,
17. erweiterte Auflage
ISBN 978-3-925100-70-3

Das vorliegende Werk ist seit nunmehr 60 Jahren bekannt und darf heute als Klassiker der seriösen Astrologie und Kosmobiologie angesehen werden. Die Stellung der Gestirne und anderer Deutungsfaktoren in den Tierkreiszeichen und Feldern, die Aspektverbindungen untereinander und vor allem die Halbsummen werden in über 1100 Aussagekombinationen interpretiert. Diese Interpretationen können sowohl für die Auslegung des Geburtsbildes selbst wie auch für die Prognose verwendet werden. Wer nicht nur mit Aspekten, sondern auch mit Halbsummen arbeitet, für den ist dieses Buch eine unschätzbare Fundgrube zur prägnanten Deutungshilfe.

Anfangs war ich nicht ganz schlüssig, ob dieses Buch das richtige für mich ist, aber ich kann nur sagen, ich war positiv überrascht. Als ich die Halbsummendeutung machte, passte es haargenau und ich war sehr verblüfft über Ebertins Aussagen. Bei weitem hätte ich nicht mit diesen zutreffenden Ergebnissen gerechnet. Übrigens kann man die angegebenen Halbsummen-Beschreibungen auch auf die Aspekte beziehen.
www.amazon.de

CHIRON VERLAG

Standardwerke der Astrologie

HOWARD SASPORTAS

Uranus, Neptun und Pluto im Transit

Die Götter des Wandels
430 Seiten, Hardcover

ISBN 3-89997-120-5

Einschneidende Veränderungen und Krisen in unserem Leben werden meist durch Übergänge von Uranus, Neptun oder Pluto über wichtige Punkte im Horoskop angezeigt: Sie sind Wendepunkte in unserem Leben und bewirken Wandlungen. Howard Sasportas verbindet bei der Darstellung der transsaturnischen Transite tiefenpsychologische Kenntnisse mit der langjährigen Erfahrung seiner astrologischen Praxis. Er beschränkt sich nicht darauf, mögliche Wirkungen zu veranschaulichen, sondern er beschreibt, wie wir möglichst konstruktiv mit diesen Lebenskrisen umgehen, wie wir sie als Chancen für Wachstum und Persönlichkeitsentwicklung nutzen können.

Dieses Buch ist für mich eines der wertvollsten Astrologiebücher in meinem Regal. Es ist nützlich und zugleich inspirierend. Es bietet dem Leser keine grässlichen Vorhersagen. Stattdessen erhalten sie großartige Anregungen, wie Sie sich auf dieses manchmal schrecklichen Transite der äußeren Planeten besser vorbereiten können und diese in den Griff bekommen. *www.cafeastrology.com*

CHIRON VERLAG

Standardwerke der Astrologie

WULFING VON ROHR

Die Horoskopuhr für jedes Lebensalter und andere Zeitschlüssel in der Astrologie

Neue und klassische Methoden
128 Seiten, Hardcover

ISBN 3-89997-112-4

Eine praktische Anleitung zur Vorschau von Zeitrhythmen, Zeitpunkten und Ereignissen mit der neuen Methode der „Horoskopuhr" des vorgeschobenen Aszendenten. Darüber lernen Sie andere einfache Prognosetechniken kennen wie dem Planetenkalender oder die Planetenabfolge, mit der Sie schnell eine Blick in die Zukunft erhalten. Ergänzt wird das Buch mit einer Einführung in klassische Prognosemethoden und einer Diskussion der unterschiedlichen Häusersysteme. Mit Deutungshinweisen zu allen Graden des Tierkreises und zu wichtigen Fixsternen.

CHIRON VERLAG

Standardwerke der Astrologie

KAREN M. HAMAKER -ZONDAG

Solare

Die Deutung von Jahreshoroskopen
112 Seiten, 20 Abbildungen, Broschur

ISBN 3-89997-100-0

Ein Solar ist ein Horoskop auf den Augenblick der exakten Wiederkehr der Sonne auf ihre eigene Position am Geburtstag. Es zeigt die im kommenden Jahr dominierenden Einflüsse im Leben des Geburtstagskindes. In dem Buch erfahren Sie die grundsätzlichen Deutungsregeln für ein Solarhoroskop. Dabei fällt der Deutung der Planeten und deren Winkelbeziehungen im Solar eine wichtige Rolle zu. Besondere Beachtung sollte ferner auf Planeten in Aspektfiguren wie dem YOD oder ohne einen Winkel gelegt werden. In diesen Jahreshoroskopen gibt es zwar sehr viel Unruhe, aber auch oft Hinweise auf einen Neuanfang. Unaspektierte Planeten überbringen für das entsprechende Jahr eine wichtige Botschaft, allerdings auf konfrontierende Weise. Anhand von Beispielen demonstriert die erfahrene Autorin, wie Solare über mehrere Jahre hinweg wirken. Sie zeigt dem Leser, wie er mit Hilfe der Solare ein Jahresthema erkennen, sich positiv darauf einstimmen und so erfolgreich in sein Leben integrieren kann.

Es sind zwar schon einige Bücher über das Thema Solar-Horoskope veröffentlicht worden, doch erst jetzt kommt eines auf den Markt, in dem auf die Deutung der Solare so ganzheitlich, zusammenhängend und praxisorientiert eingegangen wir, wie selten zuvor.

Sternzeit 1/2004

CHIRON VERLAG